novum pro

REINHARD FÜRST

ANNALES de TEUTONICORUM

BAND 1

novum pro

Dieses **Buch ist** auch als
e-book
erhältlich.

Bibliografische Information
der Deutschen Nationalbibliothek:

Die Deutsche Nationalbibliothek
verzeichnet diese Publikation in
der Deutschen Nationalbibliografie.
Detaillierte bibliografische Daten
sind im Internet über
http://www.d-nb.de abrufbar.

Gedruckt in der Europäischen Union
auf umweltfreundlichem, chlor- und
säurefrei gebleichtem Papier.

© 2025 novum publishing gmbh
Rathausgasse 73, A-7311 Neckenmarkt
office@novumverlag.com

ISBN 978-3-7116-0503-0
Lektorat: Laura Oberdorfer
Umschlagabbildungen: Sborisov,
Pancaketom I Dreamstime.com
Umschlaggestaltung, Layout & Satz:
novum Verlag

www.novumverlag.com

Druckprodukt mit finanziellem
Klimabeitrag
ClimatePartner.com/16547-2311-1001

Inhaltsverzeichnis

Erster Teil

Über die Antike

„Der Tor hat sein Herz auf der Zunge,
der Weise seine Zunge im Herzen."
(SIR 21, 26)

Was ist die Vorgeschichte meines Volkes?

Die Geschichte der Germanen, aus welchen mein Volk hervorgegangen ist! Und da man zuerst wissen muss, woher man kommt, um je zu wissen, wo man ist, geschweige denn, wohin man geht, beginne ich mit einem prähistorischen Teil.

Die Geschichtsschreiber dieser Zeit werden mich einen Narren nennen. Doch das ist gut so! „Geschichte wird von denen geschrieben, die die Helden gehängt haben."

Da, wo alle das Gleiche reden, meistens gelogen wird!

Dieser Teil umfasst die germanische Geschichte, von den ersten schriftlichen Zeugnissen über sie, bis zur Volkswerdung, Ethnogenese genannt. Solch einen Prozess darf man sich nicht als plötzliches Ereignis vorstellen, welches geschieht und schwupp, auf einmal ist ein neues Volk da.

Nein. So einfach ist das nicht. Eine Ethnogenese vollzieht sich über einen längeren Zeitraum, man kann hier ruhig 150 Jahre annehmen, bis dieses Ereignis abgeschlossen ist.

Dabei benutze ich den ursprünglichen Namen meines Volkes, in seiner latinisierten Form, „Teutones". Dieser spiegelt nämlich unseren Volksnamen, Deutsche, tatsächlich wieder, während die Bezeichnung als „Germani" sehr irreführend ist. Dieser gaukelt ja einen direkten völkischen Zusammenhang vor, der nicht existiert. Denn die Germanen sind nicht die Deutschen!

Man müsste ja auch sonst fragen, warum diese Bezeichnung nur für uns Deutsche gelten sollte. Und nicht auch für einen Engländer, Holländer oder Schweden.

Das ist deshalb wichtig, weil das lateinische Teutones bzw. theodisce, vom althochdeutschen diutisk abgeleitet ist. Und das bedeutet so viel wie „zum Volk gehörig".

Tatsächlich wandelt sich unsere Bezeichnung im Zuge der Renaissance (das ist die Epoche, die das Heidentum wieder salonfähig gemacht hat). Damals begann man die lateinische geografische Bezeichnung unserer Heimat, Germania, auf uns als Volksnamen zu übertragen. Man sehe sich nur die Bezeichnung meines Volkes in den romanischen und germanischen Sprachen an, in keiner kommt ein Verweis auf *die Germanen* vor.

Die älteste Bezeichnung unserer Heimat aber, stammt aus dem Jahr 919 und lautet auf *regnum Teutonicorum*, Königreich der Deutschen. Höchste Zeit also, diesen Missstand zu beheben.

Die Germanen

Das Volk der Germanen entsteht am Ende der jüngeren Steinzeit aus der Vermischung älterer Kulturen mit den Indogermanen um 2000 v. Chr. Im Zuge der Bronzezeit (1700 – 800 v. Chr.) spricht man daher von einem Frühgermanischen oder nordischen Kulturkreis. In dieser Zeit kommt es auch zur ersten Lautverschiebung, welche die germanische Sprache entstehen lässt. Dieser Prozess läuft von außen ungestört ab, sodass man ab etwa 500 v. Chr. von einer germanischen Kultur sprechen kann.

Die Urheimat der Germanen war Skandinavien und Niederdeutschland. Von dort aus breiten sie sich langsam in alle Himmelsrichtungen aus. Am stärksten allerdings Richtung Süden und Osten. Dies wohl deshalb, weil Zentraleuropa (also in etwa das Gebiet der heutigen Staaten Deutschland, Schweiz, Österreich, Tschechien, Slowakei und Polen) vor Christi Geburt nur sehr spärlich besiedelt war. Im Westen hingegen entstand in etwa zur selben Zeit mit den Kelten ein aktiver Gegenpart, welcher einer Ausbreitung nach Westen einen Riegel vorschob.

Die Germanen zählen zu der indogermanischen Sprachfamilie und werden in drei große Gruppen unterteilt. In die Nord-, West- und Ostgermanen.

Nordgermanen sind all jene Völker und Stämme welche in der Urheimat der Germanen, in Skandinavien, verblieben oder sich aus diesen entwickelten. Zu ihnen zählen die Dänen, Norweger, Schweden, Isländer und die Färöer.

Westgermanen sind all jene Völker und Stämme, welche grob zwischen Nordsee und Donau, Rhein und Oder siedelten. Zu ihnen gehören wir Deutsche sowie die Holländer, Flamen, Engländer und Friesen. Auch die Buren mit Afrikaans gehören in diese Gruppe. Ein Sonderfall ist das Jiddisch, als einer Sprache der Juden Europas. Es entstand im Lauf des Mittelalters aus dem Mittelhochdeutschen und zählt daher zur indogermanischen Sprachfamilie.

Die Ostgermanen waren all jene Stämme und Völker, welche östlich der Oder lebten. Sie gingen alle während der Völkerwanderungszeit unter oder verschmolzen mit den Romanen zu den späteren romanischen Völkern.

Erstmals ins Licht der Geschichte traten die Germanen am Ende des 2. Jahrhunderts vor Christus, als Kimbern, Teutonen und Ambronen ihre angestammte Heimat aufgaben und nach einer neuen Heimat suchten. Dabei kamen sie mit den Kelten und den Römern in Kontakt und es kam zu zahlreichen kriegerischen Handlungen, die am Ende mit der Ausrottung und Versklavung der genannten Stämme durch die Römer endete.

120 v. Chr.

Die germanischen Stämme der Kimbern, Teutonen und Ambronen verlassen ihre Heimat, welche sich wohl in Schleswig-Holstein bzw. Jütland befand. Angeführt werden sie von dem kimbrischen König Boiorix. Ihr Zug bewegt sich zunächst Richtung Süden. Im Lauf der Wanderung schließen sich immer mehr Menschen ihrem Treck an.

113

Der Zug der Germanen führt wohl über Schlesien und Böhmen, das damals dünn besiedelt war, nach dem heutigen Kärnten. Dort stoßen sie erstmals mit den Römern zusammen, welche das keltische Königreich Norikum, welches dem Großteil des heutigen Österreich entspricht, als ihr Einflussgebiet betrachten. An einem Ort namens Noreia, dessen genaue Lage in Kärnten heute unbekannt ist, versuchen die Römer eine Falle aufzubauen. Allerdings wird diese erkannt und das römische Heer geschlagen.

Durch die römische Überlieferung wird dieses Ereignis zugleich der erste schriftliche Nachweis über die Germanen.

109

Da die Germanen nach Gallien abziehen, sehen die Römer sie weiterhin als Gefahr an. Vor allem für ihre südlichen Besitzungen in der Provence.

Westlich von Lyon erleiden die Römer schließlich eine erneute Niederlage gegen die Kimbern, Teutonen und Ambronen.

105

Nordwestlich von Marseille, bei einem Ort namens Arausio, erleiden die Römer ihre dritte vernichtende Niederlage gegen die Germanen. Diese Niederlage wird zur Heeresreform des Marius führen, dem sogenannten zweiten Gründer Roms. Er führt ein Berufsheer ein und stattet die Legionäre mit der klassischen Bewaffnung aus, wie sie uns heute geläufig ist. Da die Bezahlung auch von den Reichen übernommen wird, werden die Legionen einstmals zu Privatarmeen der Patrizier werden. Unsere heutigen Worte Salär und Sold stammen übrigens aus dieser Zeit. Zu Beginn wurden Legionäre nämlich mit Salz, lateinisch salus, bezahlt! Dies nannte man *salarium*, was als Bezeichnung für eine Bezahlung überdauerte.

105 – 102

Zunächst spalten sich die Stämme einzeln auf, um getrennt eine neue Heimat zu finden, was allerdings beiden misslingt. So vereinen sie sich in Zentralfrankreich erneut und ziehen in großem Bogen Richtung Nordosten, um schließlich erneut Richtung Süden zu ziehen. Vor der Burgundischen Pforte trennen sie sich erneut. Die Teutonen ziehen gen Süden weiter und die Kimbern ziehen westlich einmal um die ganzen Ostalpen herum. Warum diese Trennung geschah, ist unbekannt, jedoch wird sie schicksalhaft.

102

Östlich von Marseille, bei Aqua Sextae, vernichtet Marius die Teutonen und Ambronen, die Überlebenden werden versklavt.

101

Bei Vercellae, westlich von Mailand, besiegt Marius die Kimbern und versklavt die Überlebenden.
Ende der Kimbernkriege.

Ariovist, 101 – 54
Anführer der Sweben in Gallien.

100

Gaius Iulius Caesar, 100 – 44

Römischer Staatsmann, Feldherr und Diktator.

Um 90/80

Der griechische Historiker Poseidonius erwähnt erstmals die *germanoi*, die Germanen.

Um 72

Die Sueben, oder Sweben, unter ihrem Anführer Ariovist ziehen über den Rhein, um ihren Verbündeten zu helfen, und lassen sich auf dem linken Rheinufer nieder.

63.

Gaius Iulius Caesar Octavianus, genannt Augustus; 63 – 14 Princeps und erster „Kaiser" von Rom.

61

Ariovist erringt einen vollständigen Sieg über die Gallier und beansprucht fortan das westliche Rheinufer als seinen Besitz.

58

Julius Cäsar folgt dem Hilferuf seiner gallischen Verbündeten. Als hilfreicher Freund getarnt, beginnt er mit der Eroberung Galliens. In der Folge kommt es auch zu erneuten Zusammenstößen mit Germanen.

56

Julius Caesar besiegt den Suebenfürsten Ariovist. Damit wurde die germanische Macht auf der linken Rheinseite gebrochen. Der Rhein wird neue Grenze zwischen Römern und Germanen.

55

Caesar besiegt die germanischen Usipeter und die Tenkterer, welche den Rhein überquert hatten. Dadurch festigt Caesar seine Stellung als Bundesgenosse der Gallier. Um die Fliehenden zu verfolgen, lässt er sogar eine Brücke über den mächtigen Fluss schlagen. Nach der Brandschatzung einiger Dörfer und Gehöfte zieht er sich schließlich wieder zurück.

53

Ein weiterer Versuch der Sueben, ihre vormaligen Ansprüche durchzusetzen, scheitert. Im Gegenteil, Caesar zieht ein zweites Mal auf die rechte Rheinseite. Abgesehen von einigen Scharmützeln und Plünderungen geschieht nicht viel und er zieht sich wieder zurück.

52 – 51

Der Aufstand des Galliers Vercingetorix. Es kommt zur Belagerung und Entscheidungsschlacht von Alesia, einem Ort in Zentralfrankreich, dessen genaue Lokalisierung heute nicht mehr möglich ist. Mit dem Sieg Caesars wird die Eroberung Galliens und seine Unterwerfung unter Rom abgeschlossen, Gallien wird eine römische Provinz.

51

Caesar verfasst seine Kommentare zu den gallischen Ereignissen. Als *De bello gallico*, Über den gallischen Krieg, werden sie berühmt. Die Schrift ist deshalb so bedeutend, da sie nicht nur die historischen Ereignisse, wenn auch tendenziös, schildert, sondern auch der erste schriftliche Bericht über Leben und Kultur der Kelten wie der Germanen ist. Viele Stammesnamen tauchen hier das erste Mal auf.

Die germanische Kultur

Die germanische Kultur, soweit wir das bis heute rekonstruieren können, war um 200 v. Chr. voll entwickelt. Wobei man auch hier einen west-, ost- und nordgermanischen Kulturkreis unterscheidet. Vor allem bei den Westgermanen kann man eine Beeinflussung durch die Römer gut erkennen, genauso wie man einen starken skythischen Einfluss auf die Ostgermanen erkennen kann. Bei den Westgermanen wurde die „Verwaltungsstruktur" von den Römern beeinflusst, genauso wie der Handel, bei den Ostgermanen waren es die nomadischen Gewohnheiten und die Reitkunst. Ein Grund, warum die Goten später gute Erfolge gegen die Römer hatten, lag in der Tatsache, dass sie eine kleine, aber feine Reitertruppe besaßen, welche die Römer in dieser Art nicht kannten.

Bei den Germanen gab es eine einheitliche Religion mit Göttern und auch eine einheitliche Sagenwelt. Doch ähnlich wie in anderen antiken Kulturen auch, war die Wichtigkeit der einzelnen Götter von Stamm zu Stamm unterschiedlich.

Dabei kam ihre Religion ganz ohne Tempel aus. Ähnlich wie die Kelten verehrten sie heilige Haine, Quellen, Sümpfe oder andere spirituell bedeutungsvolle Stellen als Begegnungsorte mit ihren Göttern.

Das Land war grundsätzlich ländlich geprägt. Städte gab es nicht. Was wohl daran lag, dass es kaum Siedlungsdruck gab. Die einzigen Ausnahmen waren sogenannte Fluchtburgen und Fürstensitze. Später, im Frühmittelalter, werden einmal viele dieser Fluchtburgen zum Kern heutiger Ortschaften und Städte werden.

Fluchtburgen waren befestigte Plätze, die an leicht zu verteidigenden Orten angelegt wurden, um im Kriegsfall dem Volk Zuflucht zu bieten. Daher verwundert es auch nicht, dass die Germanen kein Geld kannten. Alle Münzen die man bis heute in germanischen, vorchristlichen, Siedlungen gefunden hat, stammten aus dem Ausland.

Das Leben meiner Vorfahren war gegliedert in Familie-Sippe-Dorfgemeinschaft-Stamm. Ein übergeordnetes Staatswesen im Sinn eines wie auch immer gearteten Staates gab es so nicht, vergleichbar etwa dem griechischen Kulturkreis. Die Ausnahmen blieben dabei Krieg und Religion, wo es sehr wohl vorkam, dass einzelne Personen das Land zu den Waffen rufen konnten, wenn die Bedrohung groß war. Das beste Beispiel ist Armin der Cherusker, doch blieben sie die absolute Ausnahme. Ansonsten blieben die Stämme unter sich.

Die zentrale „Verwaltung" der Angelegenheiten wurde im sogenannten Thing beraten und beschlossen. Zu dieser Versammlung hatten alle freien Männer Zugang. Dies weniger aus frauenfeindlichen Motiven, sondern einfach aus der Tatsache heraus, dass mitbestimmen durfte, wer die Gemeinschaft, nicht die Gesellschaft, mit seinem Leben schützen würde.

Was ja bekanntermaßen auch die Grundlage für das heutige Wahlrecht in unseren modernen „Demokratien" ist.

In diesen Versammlungen wurde alles Wichtige, was die Gemeinschaft betraf, beraten und beschlossen.

Sie wurden auch genutzt, um Recht zu sprechen und um die Oberhäupter von Dorf und Stamm zu wählen. Der Gedanke eines Königtums, noch dazu eines erblichen, kam erst nach Christi Geburt, wohl durch römischen Einfluss, auf. Und war auch dann, bis zur Völkerwanderung, nicht überall üblich. Die oft übliche Linde im Dorf dürfte auch auf das Thing zurückgehen. Da die Linde wie die Eiche den Germanen als heilig galt, wurden oft solche Versammlungen unter solchen Bäumen oder innerhalb von kleinen Hainen abgehalten. Die Linden waren deshalb die Favoriten, da der Baum als Symbol für Wahrheit und Weissagung galt.

Die Kunstfertigkeit war weit verbreitet. Schmuck, Keramik, Waffen, Häuser wurden alle kunstfertig und vielfältig verziert und angefertigt. Alles blieb allerdings dem Nützlichen und Einfachen unterworfen.

Die Germanen waren eine stark oral geprägte Kultur. Das bezog sich auf das Recht und die Religion, genauso wie auf die Literatur.

In diesem Zusammenhang stellen die Runen eine Besonderheit dar. Einerseits konnte man sie wie Buchstaben verwenden, hauptsächlich allerdings, wurden sie als Wortsymbol genutzt. Eine Rune also für ein ganzes Wort stand, ähnlich wie die Hieroglyphen. Auch mehrere Bedeutungen sind möglich. Da die nutzende Kultur oral blieb, nutzte man die Runen als Unterstützung der Sprache, für Eigentum, Religion, Magie oder Medizin. Schwierig bleibt das Thema dennoch, da es keine Schriftzeugnisse aus frühgermanischer Zeit gibt. Erst die Mönche späterer Jahrhunderte würden das Wissen der Germanen aufschreiben.

49 – 46

Caesar überschreitet den Rubikon und löst damit einen ersten Bürgerkrieg aus. Nach mehreren Schlachten in Griechenland und dem heutigen Tunesien geht Caesar als Sieger aus diesem Ringen hervor. Er wird zum de facto Alleinherrscher in Rom.

44

Julius Caesar wird ermordet. Beginn des Zweiten Bürgerkrieges. Caesars Politik wird von seinem Adoptivsohn Gaius Iulius Caesar Octavianus weitergeführt.

Die Stadt Augst, Schweiz, wird von den Römern als *Colonia Augusta Rauricoum* gegründet.

39/38

Der gallische Statthalter Agrippa überquert erneut den Rhein, um den Angriffen der Sueben entgegen zu treten. Auch ließ er den römerfreundlichen Stamm der Ubier auf das linke Rheinufer umsiedeln. Er gründete für sie eine neue Hauptstadt, Oppidum Ubiorum, das spätere Colonia Claudia Ara Agrippinensium, Köln.

30

Octavian nimmt Alexandria ein. Sein Widersacher Marcus Antonius und Kleopatra begehen Selbstmord. Ende des Bürgerkrieges. Octavian ist unumschränkter Herr Roms. 27 v. Chr. wird ihm der Ehrentitel verliehen, der ihn berühmt macht, Augustus der Erhabene. Zugleich wurde der Prinzipat als neue Herrschaftsform eingeführt. Augustus war als Princeps quasi der erste Bürger im Staat.

Marbod, 30 – 37; König der Markomannen.

19

Die Römer begründen die Stadt Nimwegen, Niederlande, als Militärlager.

18

Die Römer errichten ein erstes Lager am Rhein das später zur Keimzelle Bonns werden wird.

16

Bisher waren die Römer am Rhein auf Defensive eingestellt. Doch in diesem Jahr ändert sich das. Die Sugambrer überqueren den Rhein und vernichten die 5. Legion vollständig. Daraufhin entschließt sich Augustus dazu, Germanien zu erobern.

Ein Heereslager am Rhein wird erbaut, dass später zum Anfang des heutigen Neuss, Nordrhein-Westfalen, wird.

Hermann der Cherusker, 16 – 21; Germanenfürst und Widerstandskämpfer.

15

Das keltische Königreich Norikum, auf dem Gebiet des heutigen Österreich, wird von Augustus zum römischen Klientelstaat gemacht und damit römische Provinz. Dies war der erste Schritt zur Unterwerfung Germaniens.

In mehreren Schritten sollte die römische Grenze nach Osten geschoben werden. Der erste war Norikum und die Sicherung der Alpenpässe. Als zweites sollte Pannonien folgen, um die Donau insgesamt als Grenze zu erlangen. Und im dritten Schritt sollte schließlich Germanien selbst erobert werden.

Im Zuge der Eroberung Norikums und Raetiens durch die Römer werden in der Folge die heutigen Städte Augsburg, Kempten und Rosenheim, (alle drei in Bayern) Bregenz (Vorarlberg), Zürich (Schweiz) begründet.

14 – 12

Die Feldherren Agrippa und Tiberius erobern Pannonien, Ungarn, und machen die Donau zur natürlichen Grenze Roms.

12

Am Rhein werden Militärlager errichtet die zur Keimzelle von Xanten, Nordrhein-Westfalen, und Straßburg,Elsass, werden.

12 – 9

Drusus und nach ihm sein Bruder Tiberius marschieren in Germanien ein und erobern das ganze Land bis zur Elbe. Die Provinz *Germania magna* entsteht.

10

Auf dem Stadtgebiet des heutigen Speyers (Rheinland-Pfalz), entsteht ein erstes Römerlager als Anfang des zukünftigen Ortes.

9

Der Stamm der Sugambrer wir auf das linke Rheinufer umgesiedelt, um ihn besser unter Kontrolle halten zu können.

5

Tiberius bricht den letzten Widerstand gegen die römische Besatzung in Germanien.

2

Die Römer führen einen ersten Feldzug gegen die Markomannen in Böhmen, um ein Erstarken dieses Stammes zu verhindern. Erstmals wurden die Markomannen bei Caesar erwähnt,
als Kampfgenossen des Ariovist. Vermutlich durch die Ankunft
der Römer wurde der Stamm dazu bewogen in den Osten, nach
Böhmen, zu ziehen. Dort erstarkte der Stamm im Bunde mit den
Quaden bald, was auch Rom nicht verborgen blieb.

VERBUM CARO FACTUM EST –
CHRISTUS NATUS EST ALLELUJA
Das Wort ist Fleisch geworden –
Christ ist geboren, Halleluja

1. Jahrhundert nach Christus

Die Runenschrift wird in dieser Zeit vollendet. Ab etwa 100 kommt es zum Gebrauch der älteren Futhark-Reihe, dem ältesten Runenalphabet, mit 24 Zeichen. Bis zur Völkerwanderungszeit werden die Runen hauptsächlich zu zeremoniellen und kultischen Anlässen benutzt. Aber auch zum „Segnen" der Waffen wurden sie verwendet. Ob das Alphabet Vorläufer hat oder eine genuine Entwicklung ist, ist bis heute strittig.

Die Septuaginta, die ins Griechische übersetzten Heiligen Schriften der Juden, wird abgeschlossen. Septuaginta bedeutet 70, da es sich um mindestens 70 Übersetzer gehandelt hat.

Die Orte Aachen (Nordrhein-Westfalen), Remagen und Worms (Rheinland-Pfalz), Straubing und Passau (Bayern), Saarbrücken (Saarland),, Linz (Oberösterreich), Zeiselmauer (Niederösterreich) und Wien werden von den Römern begründet, zumeist als Heereslager.

1 n. Chr.

In Germanien brechen erste schwere Unruhen und Aufstände gegen die römische Besatzung aus. Bis 3 n. Chr. tobt der Kampf mit wechselndem Kriegsglück.

Hl. Petrus, 1 – 64; Apostelfürst.

4

Tiberius übernimmt den Oberbefehl im Germanenkrieg. Er zieht noch im Herbst in Germanien ein. An der Weser schlägt er sein Winterlager auf. Die Vermutung liegt nahe, dass die Versorgung über Meer und Fluss organisiert wurde.

5

Tiberius befindet sich an der Elbe. Gleichzeitig segelt eine Invasionsflotte den Fluss hinauf, um den Stämmen jeden Nachschub abzuschneiden und Tiberius weiter zu versorgen. Alle Stämme bis zur Elbe unterwerfen sich Rom. Einzig den Langobarden gelingt es, sich dieser Unterwerfung zu entziehen, indem sie alle linkselbischen Gebiete aufgeben und sich hinter die Elbe zurückziehen.

Trotz der Niederschlagung des Aufstandes kommt es auf dem Rückmarsch zu einem Überfall auf die Römer, der jedoch abgewehrt werden konnte.

6

In Illyrien und Dalmatien, später auch in Pannonien, brechen schwere Aufstände aus, welche die Unterwerfung der Markomannen verhindern. Römische Legionen, bereits auf dem Weg zu dem heutigen Böhmen, der neuen Heimat der Markomannen, müssen ihren Angriff abbrechen und eilen nach Pannonien.

In der Folge verlagerte sich das Augenmerk Roms zusehends weg von Germanien.

Im Zuge dieser Umleitung errichten die Römer ein großes Lager an der Donau, *Carnuntum*, das heutige Petronell, Niederösterreich.

Um diese Zeit wird auch die heutige Stadt Jülich, Nordrhein-Westfalen, von den Römern begründet.

8

Hl. Paulus von Tarsus, 8 – 64; Apostel der Völker.

9

Hermann der Cherusker vereint die sonst zerstrittenen Germanen im Kampf gegen die Römer.Es kommt zurSchlacht im Teutoburger Wald.

Der römische Statthalter, Publius Quintilius Varus, fällt in der Schlacht, und mit ihm volle drei Legionen. Es ist die schlimmste Niederlage der Römer seit Hannibals Zeiten. Bei drei vollen Legionen à 6.000 Mann dürfte die Opferzahl bei mindestens 18.000 liegen, den Tross nicht mitgerechnet. Nach Bekanntwerden des Sieges brechen in der ganzen Provinz Aufstände gegen die Römer aus.

Die römische Herrschaft in *Germania magna* bricht zusammen.

14 – 16

Germanicus, Neffe Kaiser Tiberius', unternimmt mehrere Strafexpeditionen nach Germanien.

13

Die Römer gründen an der Mainmündung ein Legionslager, es ist der Beginn von Mainz, Hessen.

15

Der römische Feldherr Caecina unternimmt einen großen Feldzug nach Norddeutschland.

16

In der Schlacht am Angrivarierwall im heutigen Niedersachsen besiegen die Römer die Cherusker. Da es aber immer häufiger zu Rebellionen innerhalb der Legionen kommt und der Widerstand nicht nachlässt, müssen sich die Römer dennoch zurückziehen.

Germanien bleibt frei und Rhein und Donau etablieren sich als Grenze.

17 – 18

Die Römer gründen *Augusta Treverorum*, Trier.

19

Nach dem Sturz König Marbods der Markomannen erobern die Quaden Böhmen. Ab dieser Zeit scheint es, als ob beide Stämme nebeneinander in Böhmen leben und gemeinsam regiert werden. Mit den Römern haben sie überwiegend friedliche Beziehungen.

21

Arminius wird von seinen eigenen Verwandten getötet, da man ihm vorwarf, Ambitionen auf eine Königsherrschaft zu haben. Sein Tod hat massive innere Auswirkungen im Stamm der Cherusker. In den Folgejahren fallen den Fehden viele Führer des Stammes zum Opfer.

27 – 29

Der Prophet Johannes der Täufer wirkt im Heiligen Land.

28

Die Friesen erheben sich gegen die Römer, werden aber blutig unterdrückt.

29

Johannes der Täufer wird enthauptet.

SURREXIT CHRISTUS ALLELUJA
Christus ist auferstanden, Halleluja

37

Flavius Josephus, 37 – 100; Historiograf.

39 – 40

Kaiser Caligula überschreitet mit einem Heer die Alpen und dringt von Süden in Germanien ein. Er erreicht allerdings nicht viel und zieht schließlich unverrichteter Dinge wieder ab. Für mehrere Jahrzehnte bleibt die Rheingrenze relativ ruhig.

47

Beim Ausbau des Limes am Rhein wird die heutige Stadt Utrecht, Niederlande, als Kastell gegründet.

48

Das Apostelkonzil tagt in Jerusalem. Die Juden-Christen und Heiden-Christen werden gleichberechtigt anerkannt. Es beginnt die Heidenmission.

Das Konzil ist deshalb so wichtig, da es der Ausgangspunkt für die Missionstätigkeit wurde. Bis dahin war es strittig, bis wohin Heiden dem jüdischen Gesetz folgen sollten. Dieser zentrale Streit wurde hierbei gelöst. Zur Begriffserklärung. Juden-Christen sind Juden, die sich zu Christus bekennen. Heiden-Christen sind all jene, die sich zu Christus bekennen und vorher keine Juden waren.

„Darum geht zu allen Völkern ..."
Das Christentum entsteht

Es ist unbestreitbar eines der wichtigsten Ereignisse der Menschheitsgeschichte, als das Apostelkonzil beschließt, die Lehre Christi in die Welt zu tragen und sowohl den Juden als auch den Heiden gleichberechtigt zu predigen. Dadurch erst wurde der Aufstieg zur bedeutendsten Religion der Menschheit erst möglich. Warum dies so außergewöhnlich ist, erklärt sich aus dem Umstand, dass der Glaube an Christus ein vom Herkunftsland und dem zugehörigen Volk unabhängiger Glaube war und ist. Was für die Antike ein absolutes Novum war. Denn in dieser Zeit waren sogenannte Götter immer auf ein bestimmtes Gebiet oder ein bestimmtes Volk bezogen. Selbst ein Jude konnte und kann man nur durch Geburt werden. Man kann höchstens ein Proselyt, ein Gottesfürchtiger, werden, allerdings nie Jude. Römische, griechische, ägyptische, keltische oder germanische Götter hatten nur in ihren eigenen Völkerschaften und Ländern „Gültigkeit".

Doch das Apostelkonzil schafft hier etwas Neues. Indem Judenchristen und Heidenchristen gleichberechtigt anerkannt werden, steht der Glaube offen für alle Menschen und in allen Ländern.

Drei wichtige Punkte seien hier erwähnt. Erstens das römische Verkehrsnetz, zweitens die Diaspora und drittens die antike Philosophie.

Durch das römische Straßennetz war es erstmals möglich, den gesamten Mittelmeerraum relativ sicher und gefahrlos bereisen zu können. Davor war dies durchaus schwierig. Piraten, Räuber und Kriege konnten einem schnell einen Strich durch die Rechnung machen. Auch unterschiedliche Reiche hatten unterschiedliche Ansichten zu bestimmten Dingen. War man nicht willkommen, konnte man nicht weiter, was nicht immer durch Bestechung umgangen werden konnte. Und auch Naturkatastrophen und Wettereinflüsse machten Reisen anspruchsvoll, bevor die Römer kamen. Gab es weder Hafen noch Stadt oder Ähnliches, so war man auf sich alleine gestellt. Im Fall von Krankheit galt das Gleiche.

Die Diaspora ermöglichte wiederum die Aufnahme der Missionare in unterschiedlichen Ländern. Hier fanden sie schnell Anschluss an schon bestehende Strukturen und mussten diese nicht erst mühsam aufbauen. So konnte man Verbindungen, Freundschaften, Verwandtschaften und Empfehlungen nutzen, die man sonst entweder gar nicht, oder erst viel später bekommen hätte.

Der dritte Punkt ist die antike Philosophie. Im Gegensatz zur sogenannten Philosophie des 20. und 21. Jahrhunderts, fragten antike (und auch mittelalterliche) Philosophen sehr konkret und genau danach, was der Ursprung von allem sei und was der Sinn des Lebens war. Gerade Letzteres war ja die sokratische Wende im Denken des Menschen, dass man sich nicht mehr nur damit zufrieden gab, „gut" durchs Leben zu kommen (Parallelen zur Gegenwart sind bei diesem sophistischen Denken unübersehbar). Man wollte verstehen. Philosophie bedeutet ja auch die „Liebe zur Weisheit", nicht Liebe zum Wissen, das hatte man ja schon. Diese Weltbetrachtung war im 1. Jahrhundert n. Chr. schon sehr weit gekommen. Viele Denkrichtungen hatten sich gebildet. In diesem Umfeld musste sich das Christentum nun behaupten. Und tat es auch. Und gerade dies wurde sein „Erfolgsrezept".

Man lehnte nicht einfach die Philosophie ab, sondern man stellte sich der Kritik, man konterte sie und widerlegte die falschen Ansichten. Es ist ein Kennzeichen aller heidnischer Religionen, dass sie dem Fragen der Philosophie nicht standhalten können oder wollen. Auch bei den Häresien ist es das Gleiche. Antwort gibt immer nur der Christ, nicht der Heide!

Auf diese Weise gelang es dann auch, viele Skeptiker zu widerlegen und zu korrigieren, was den christlichen Missionaren viel Ruhm einbrachte. So gewann man die Oberschicht und die Gebildeten.

Die Unterschicht wurde hingegen schnell überzeugt. Der Gedanke, seinen Nächsten zu lieben wie sich selbst, ist in der gesamten Menschheitsgeschichte einzigartig. Genauso die Vorstellung alle Menschen wären gleich vor Gott. Darum entstehen ja Friedhöfe erst mit der Christianisierung. Als ein Ort an dem die Toten bis zum Jüngsten Tag ruhen können, gemeinsam! Davor und außerhalb gibt es nur Nekropolen, Totenstädte, wo die Toten angeblich „leben" würden. Und auch das nur jeder für sich. Die „modernen" (und so neu sind sie nicht) paxnatura Begräbnisfelder schlagen in die gleiche Kerbe. Jeder für sich, keiner gemeinsam.

Nicht umsonst haben alle Ersatzreligionen der Neuzeit Ethik und Menschenbild des Christentums kopiert.

All dies machte enormen Eindruck auf die Zeitgenossen der Antike. Macht man sich dies gegenwärtig, so versteht man auch, weshalb in den Evangelien oftmals berichtet wird, dass die Zeitgenossen Christis bestürzt und in Aufruhr waren ob seiner Worte.

50

Das antike Salzburg, *Iuvavum*, wird zur Stadt erhoben.

Clemens von Rom, 50 – 97; Apostolischer Vater und Bischof von Rom.

Die Runen

Die Runenschrift der Germanen entsteht ab etwa Christi Geburt, vielleicht unter etruskisch-norditalischem Einfluss. Durch solche Kontakte könnten sich die Runen vom Süden nach dem Norden ausgebreitet haben. Das wird dadurch erhärtet, dass sich viele Runen aus griechischen oder lateinischen Buchstaben herleiten lassen. Da dies allerdings nicht bei allen der Fall ist, wurden sie auf jeden Fall nicht nur einfach übernommen, sondern auch weiterentwickelt. Ein Vorläufer ist zwar anzunehmen, aber nicht mehr belegbar. Verwendung fanden dabei die Runen in Mitteleuropa erst ab etwa 500 und blieben bis etwa 650 in Gebrauch. Danach wurden sie vom lateinischen Alphabet verdrängt.

Ursprünglich hatten die Runen einen magischen Charakter und dienten kultischen und magischen Zwecken. Später wurden sie auch genutzt, um Kurznotizen zu verfassen oder um Gegenstände mit einer Art Widmung zu versehen.

Die Blütezeit wird die Zeit der Völkerwanderung werden. In dieser Zeit lernten die Germanen den Nutzen von Schrift kennen und begannen nun damit, das Runenalphabet zusehends als solche zu nutzen. Dennoch konnten sich die Runen nie als ein Werkzeug der Sprache durchsetzen. Und so verschwand mit der Christianisierung auch die Nutzung er Runen, denn das lateinische Alphabet war wesentlich einfacher zu nutzen.

58

Publius Cornelius Tacitus, 58 – 120; Historiker und Senator.

64

Rom brennt. Im Zuge des Stadtbrandes von Rom kommt es zur Neronischen Verfolgung. Die Apostel Petrus und Paulus erleiden in dieser Zeit das Martyrium.

Dabei wird das Martyrium des Paulus heute gerne angezweifelt. Allerdings gibt es keinen Beweis für einen späteren Tod des Paulus, da alle Spuren von ihm mit der Neronischen Verfolgung enden. Bei der herausragenden Bedeutung des Apostels ist es verwunderlich, weshalb er quasi ins Dunkel verschwand. Und ohne sein Martyrium verschwindet er nach der Verfolgung spurlos?

Ich vermute, dass es etwas mit der Heidenmission zu tun hatte. Die ersten Christen kamen ja überwiegend aus dem Judentum, so auch in Rom. Ich kann mir vorstellen, dass Juden-Christen, von denen gewiss einige die Verfolgung überlebt haben dürften, zwar die Erinnerung an Petrus, der ja quasi einer von ihnen war, bewahrten, wohingegen Paulus für sie weniger eine Rolle spielte. Das Apostelkonzil zeigt hier ganz klar, dass die Ansichten durchaus auseinandergingen, gerade im 1. Jahrhundert. Das Ende der Apostelgeschichte verweist darauf ebenso. Und auch in der „Wichtigkeit" steht Petrus vor Paulus, was in der Bezeichnung als Apostelfürst zur Geltung kommt.

Ferner, nach der Apostelgeschichte appellierte Paulus an den Kaiser und wurde, immer noch als Gefangener, nach Rom gebracht, was wohl im Jahr 61 der Fall war. Dort blieb er zwei Jahre, dann bricht die Apostelgeschichte ab und von Paulus ist nichts mehr zu hören. Daher ist es seltsam anzunehmen, Paulus hätte noch bis ins Jahr 67 gelebt. Obwohl man nicht weiß, was er während der Verfolgung tat, geschweige denn danach.

Dazu kommt, wenn er im Jahr 63 noch in Rom war, kann es leicht sein, dass er noch in der Stadt weilte als Brand und Verfolgung ausbrachen. Das Römische Jahr beginnt im März, nicht wie heute am 1. Jänner. Und die Apostelgeschichte schildert nur, dass er volle zwei Jahre in der Stadt verbracht hatte.

Im Winter selbst wird er kaum Rom Richtung Spanien verlassen haben, wie manche meinen. Denn im Winter toben im

Mittelmeer sehr gerne schwere Stürme, weswegen man in antiker Zeit im Winter nicht das Meer befahren hat, wenn es nicht unbedingt notwendig war. Daher ist es durchaus denkbar, dass er bis zum Frühjahr in Rom weilte. Von da ist es nicht mehr weit bis zum Brand von Rom. Auch würden Verfolgung und Martyrium das abrupte Abbrechen der Apostelgeschichte gut erklären.

66 – 73

Aufstand der Zeloten gegen die römische Herrschaft im Heiligen Land. Der überaus blutige und grausam geführte Krieg führte im Jahr 70 zur Einnahme, völligen Zerstörung und Neugründung Jerusalems als heidnische Stadt. Der Aufstand endete im Jahr 73 mit dem Untergang der belagerten Festung Massade im Heiligen Land.

69 – 70

Der germanische Stamm der Bataver, welcher als Hilfsheer in römischen Diensten stand, erhebt sich. Auch einige rechtsrheinische Germanen schließen sich ihnen im Kampf gegen Rom an. Nach einigen Kämpfen werden sie schließlich besiegt.

70

Das Evangelium nach Markus entsteht.

72

Die Römer beginnen mit der Besetzung des Neckarlandes zwischen Rhein und Neckar, welches vorher schon unter ihrer Kontrolle gewesen sein dürfte.

79

Die Römer gründen ein erstes Kastell das zur Keimzelle des späteren Regensburgs, Bayern, wird.

80 – 90

Die Apostelgeschichte wird in ihrer heutigen Form abgefasst.

83

Kaiser Domitian führt Krieg gegen die Chatten, die sich auf dem früheren Gebiet der Ubier niedergelassen haben.

Das Dekumatland, das Land zwischen Rhein und Donau im heutigen Baden-Württemberg, wird Teil der Provinz Germania superior und damit des Römischen Reiches.

Zugleich wird mit dem Bau des Limes, der befestigten Grenze zu Germanien begonnen. Er sollte das Römische Reich dauerhaft vor germanischen Einfällen schützen.

Agri decumates – Das Dekumatland

Dieser Landesteil des heutigen Baden-Württemberg und Hessen war lange eine stete Gefahr für die Römer gewesen. Einerseits bestand die Gefahr, dass die Donaugrenze von Westen aus aufgerollt werden konnte. Zum anderen wäre es für feindliche Heere ein leichtes gewesen, die schweizerischen Alpenpässe zu erreichen, womit ein Feind schnell in Italien wäre. Dies war ausschlaggebend für die Landnahme.

Ab 72 beginnen die Römer damit, das Land zu besetzen und Orte zu gründen. *Arae Flaviae*, das heutige Rottweil, wird in dieser Zeit gegründet. Das Land wurde allerdings nicht erobert, weswegen von einer vorherigen römischen Kontrolle auszugehen ist. Wie es scheint, waren die Bewohner vorher Kelten, welche aus Gallien eingewandert waren, was die römische Kontrolle erklären könnte.

Unter Kaiser Domitian beginnt ab 85 der Bau des Limes als Grenzbefestigung, ein ausgedehntes Straßensystem entsteht. In der Folge scheint die Provinz schnell aufgeblüht zu sein. Es entstehen mehrere Steinbrüche, Bergwerke, Ländereien und Siedlungen.

Seine größte Ausdehnung erhält das Land, als um 150 der oberrheinisch-raetische Limes gebaut wird. Doch war dem Land keine große Zukunft beschieden.

Im 3. Jahrhundert gerät das Römische Reich in eine ausgedehnte Krise. Für das Dekumatland beginnen schwere Zeiten. Kämpfe und Überfälle nehmen zu und gipfeln im Limesfall, der sich um etwa 260 ereignet haben dürfte. Genaues ist nicht bekannt, jedoch findet man entlang des gesamten Limes aus dieser Zeit sehr viele Brandspuren. In der Folge ziehen sich die Römer immer weiter zurück. Gleichzeitig wandern Gruppen von Germanen ein. Die Städte gehen unter, wobei allerdings die Vermutung naheliegt, gestützt auf archäologische Ausgrabungen, dass zumindest Reste der romanischen Bevölkerung im Land verblieben sind. Ab 300 ist die römische Herrschaft endgültig Geschichte und es beginnen große Einwanderungswellen der Alemannen.

85

Die Evangelien nach Matthäus und Lukas entstehen.

89

In Rom kommt es zum Putschversuch des Saturninus gegen Diokletian. Im Zuge dessen kommt es erneut zu Kampfhandlungen mit den Chatten im heutigen Hessen.

89 – 92

Erneut kommt es zu Konflikten mit den Markomannen und Quaden in Böhmen und Mähren.

98

Tacitus verfasst seine *Germania*, eine Beschreibung der Germanen aus römischer Sicht. Allerdings ist seine Schrift tendenziös abgefasst, da er neben völkergeschichtlichen auch politische Ziele mit seinem Werk verband.

100

Das Evangelium nach Johannes entsteht.
Die Markomannen oder Quaden erreichen das heutige Niederösterreich und damit die Donau.

Die Didache, die erste Kirchenordnung, entsteht.

Justinus der Märtyrer, 100 – 165; Märtyrer, Kirchenlehrer und Philosoph.

Der Limes

Limes ist lateinisch und bedeutet Grenze. Gemeint ist also die Grenze des Römischen Reiches, in unserem Fall, die Grenze zu den Germanen und entlang der Donau.

DER Limes war allerdings nicht einfach „nur" eine Grenze, sondern eine befestigte Grenze, welche die natürlichen Grenzen zusätzlich nutzte und ausnutzte. Daher folgte er den großen Flussläufen des Rheins und der Donau, da diese am leichtesten zu kontrollieren waren. Dazu muss einem auch klar sein, dass in alter Zeit die Flüsse mäanderten, also ein weitaus breiteres Flussbett hatten als es diese Flüsse heute haben, was die Überwachung noch einmal erleichterte.

Die Grenzbefestigung bestand aus verschiedenen Befestigungsarten wie Wällen, Gräben, Wachtürmen, Kastellen, Zäunen, Flottenstützpunkten und Legionslagern. Am Höhepunkt seines Ausbaues reichte der Limes als Befestigung praktisch von der Rhein- bis zur Donaumündung. Und auch Britannien blieb davon nicht verschont, der Hadrianswall legt bis heute Zeugnis ab über diese enorme Bauleistung.

Sinn und Zweck dieses riesigen Unternehmens war es, dass Römische Reich vor den Angriffen der Barbaren zu schützen, um den bis dahin üblichen Raub- und Beutezügen Einhalt zu gebieten. Dies hatte zunächst auch Erfolg, da kleine Raubzüge de facto unmöglich gemacht wurden. Langfristig erwies es sich als folgenschwerer Irrtum.

Denn die Römer wiegten sich in Sicherheit, was ihre militärischen Fähigkeiten mit der Zeit unterminierte. So geschützt entfiel für die Römer meistens die Notwendigkeit, militärische Fortschritte zu machen. Ein Kardinalfehler aller Imperien!

Gleichzeitig wurde man berechenbar. Früher oder später erkennt man die Schwachstellen in einem Festungswerk, und dann wird es für die Verteidiger schwierig. So auch hier.

Was sich mit der Zeit ebenfalls klar herausstellte, war, dass der Wall nicht unüberwindlich war. Und war er einmal überwunden, lag das Hinterland im Grunde wehrlos da. Denn Römische Städte waren in der Regel nicht befestigt und die Straßen führten auch Ortsunkundige auf direktem Weg dorthin.

Auf der anderen Seite verschaffte es dem Römischen Reich eine bis dahin nie gekannte Stabilität und Sicherheit. Denn überwunden wollte der Limes auch erst einmal sein.

Dabei spielten gerade die großen Ströme eine zentrale Rolle in diesem Bauwerk. Da die Flüsse groß genug waren, um selbst mit Galeeren befahren zu werden, hatten Feinde dem meistens nichts entgegenzusetzen.

Auch die Verständigung entlang der Grenze und ins Hinterland hinein war ein großer Vorteil Roms, da das Straßennetz ständig ausgebaut wurde. Waren Eindringlinge erst mal entdeckt und wurde mittels Rauchzeichen Alarm gegeben, war sofort der Teufel los, und Angreifer hatten keinen Überraschungseffekt mehr.

Zu guter Letzt muss auch noch das Bestreben Roms genannt werden, entlang seiner Grenze Klientelstaaten zu errichten. Dadurch sollte bei äußeren Angriffen der Feind einerseits bereits abgeschwächt werden, andererseits hatten die Römer selbst durch die Vorwarnung mehr Zeit zu reagieren. In Situationen wie den Markomannenkriegen konnte das jedoch verheerend wirken.

2. Jahrhundert

Spätestens in dieser Zeit entstehet die Stadt *Ovilava*, das heutige Wels, Oberösterreich.

106

Die Römer erobern Dakien, in etwa das heutige Siebenbürgen, und machen es zur Provinz.

111

Unter Kaiser Trajan kommt es in Kleinasien, der heutigen Türkei, zu ersten gesichert überlieferten Christenverfolgungen.

130

Hegesippus, 130 – 180; Erster Kirchenhistoriker.

132 – 35

Der Bar-Kochba-Aufstand der Juden gegen Rom. Jerusalem wir erneut erobert. Den Juden wird in Zukunft das Betreten der Stadt bei Todesstrafe verboten. Als Strafe für den Aufstand wird die Provinz Judäa in Palästina, das Land der Philister, umbenannt.

135

Spätestens um diese Zeit, am Ende des Bar-Kochba-Aufstandes, werden die Christen aus der Synagoge verstoßen. Einerseits ist dies der Beginn der eigenständigen Entwicklung des Christentums. Andererseits setzt ab dieser Zeit, verstärkt durch die Diaspora, die Entwicklung des „neuen Judentums" ein.

Beginn der Christenverfolgungen

Irenäus von Lyon, 135 – 202; Kirchenvater, Kirchenlehrer und Bischof von Lyon

Zum Verständnis der Christenverfolgungen

Um das Obgenannte besser zu verstehen, sind einige Informationen nötig, welche nicht weitverbreitet sind.

Damals war es so, dass die Juden vom Kaiserkult ausgenommen waren. Dies hatte seinen Grund darin, dass die Juden ursprünglich Verbündete der Römer seit der Zeit der Makkabäer waren. So kamen die Römer ja erst nach Judäa.

Wer allerdings solch ein Privileg nicht besaß, musste dem Kaiserkult folgen oder er wurde als Staatsfeind erachtet. Auch ist bekannt, dass die Römer großen Respekt vor der alten Religion der Juden hatten.

Daher wurden die Christenverfolgungen im ersten Jahrhundert wohl nur möglich durch die Diffamierung der Christen durch die Juden als eben Nicht-Juden. Außer bei Nero, der wohl einfach einen Sündenbock brauchte. Ansonsten wären Verfolgungen wie unter Domitian wohl kaum möglich gewesen. Und wie das Apostelkonzil und das Martyrium des Stephanus zeigen, gab es ganz offensichtlich große Spannungen zwischen Juden und Judenchristen. Durch das Aufkommen der Heidenchristen wurden diese nicht weniger. Spätestens mit dem Ende des Bar-Kochba-Aufstandes trennen sich Juden und Christen gewaltsam voneinander. Bekannt ist dieses Ereignis als Synode von Jabne, die irgendwann zwischen der Tempelzerstörung im Jahre 70 und dem Ende des Bar-Kochba-Aufstandes 135 gewesen sein muss, eventuell kann es sogar schon früher gewesen sein. Das dieses Ereignis tatsächlich stattgefunden hat bezeugt der

Talmud selbst, genauso wie der gesamte Text des *Schmone Esre*. Das *Shemone Esre* ist deshalb so wichtig, da der Verfluchungstext der Abtrünnigen ganz offensichtlich erst später eingefügt wurde.

Denn einzig dieser Text passt nicht in das gesamte Gebet hinein, was ansonsten eine gelungene Einheit darstellt. Auch der Name bezeugt es, Schmone Esre bedeutet Achtzehnbitten, mit dem Verfluchungstext sind es jedoch 19 und dieser ist keine Bitte, sondern ein Fluch.

Daher entfällt spätestens ab hier der Schutz, den das Judentum den Christen bis dato gewährt hatte. Da wir Christen uns in der Nachfolge des Gottesbundes stehend sehen, war es für die Christen auch folglich logisch, weiterhin den Kaiserkult zu verweigern.

Solch eine Handlung stellt für einen Christen, genauso wie für einen Juden, ein Sakrileg dar, welches ein Gläubiger niemals begehen kann, ohne Gott zu verraten.

Was aber meine ich mit „neuem Judentum“?

Nun, im heutigen Judentum gibt es nicht mehr viele Gemeinsamkeiten zwischen Juden und Christen. Zwar ist das Alte Testament für uns beide gültig, doch halten wir Christen uns an die tatsächliche Überlieferung. Die heutigen Juden nicht!

Dazu muss man wissen, dass in jüdischen Schriften das 53. Kapitel des Propheten Jesaja fehlt.

Ebenso gib es in der jüdischen Tradition das Buch Henoch nicht mehr, welches im Christentum als Apokryphe gilt.

Man sollte beides einmal lesen, bevor man über diesen Punkt urteilt!

Beide Punkte sind allerdings von fundamentaler Bedeutung, da sie klar zeigen, warum Christus von Hölle und Gericht spricht, was im heutigen Judentum gar nicht mehr vorkommt.

Auch die Schriftrollen von Qumran bestätigen mit ihren Textfragmenten diese Sicht als Zeitdokument von vor 2000 Jahren. Dazu kommt der Untergang des Tempels. Im Tempel zu Jerusalem lebte ha Shem unter den Menschen. Dann ging der Tempel unter und ha Shem lebt seither nicht mehr unter den Menschen. Was musste geschehen sein, damit er ging?

Will man Christus als Messias ablehnen, so musste man dies begründen.

Ich kann mir dies nur so denken, dass die Juden sich durch das Beschneiden ihrer eigenen Überlieferung von den Christen abgrenzen wollten. Da das heutige Rabbinat maßgeblich aus den Pharisäern hervorgegangen ist, und da diese die Hauptgegner Christi und seiner Jünger waren, scheint solch eine Sicht zumindest nicht abwegig zu sein. Was übrigens auch die Ansicht des Talmuds selber ist!

138

In Rom entsteht die Engelsburg als Mausoleum für Kaiser Hadrian.

150 – 75

Um diese Zeit beginnen die Goten von der Ostsee Richtung Schwarzem Meer zu ziehen. Dabei folgen sie zunächst dem Flusslauf der Weichsel stromaufwärts.

Tertullian, 150 – 220; Theologe, Philosoph und Kirchenschriftsteller

160

Auf der Insel Fünen in Dänemark entsteht die wohl älteste erhaltene Runenschrift auf einen Knochenkamm und einem Messer.

165 – 90

Die Antoninische Pest wütet im Römischen Reich, entvölkert viele Gebiete und rafft bis zu 10 % der Bevölkerung dahin.

166 – 75

Die Markomannen und Quaden fallen in das Römische Reich ein. Die Markomannenkriege Kaiser Marc Aurels beginnen.

Die Markomannenkriege

Die Markomannenkriege dauerten von 166 bis 180 und waren eine der schwersten Herausforderungen des Römischen Reiches. Warum es zu diesem ausgedehnten und erbittert geführten Konflikt kam, ist nicht ganz geklärt. Vermutlich dürfte die Gemengelage dazu geführt haben. Wohl um 160 herum erreichen die Goten auf ihrem Zug die nördlichen Gebiete der Markomannen und später der Quaden. So kann es durchaus sein, dass diese die Markomannen einfach nach Süden gedrückt haben. Bekannt ist das Ansinnen germanischer Stämme aus dieser Zeit, die um Aufnahme ins Römische Reich baten, was jedoch verweigert wurde.

Gleichzeitig war die Gelegenheit auch sehr gut. Seit dem Jahr 161 herrschte im Osten Krieg, der Partherkrieg band die Römer fast zur Gänze dort und entblößte teilweise die westliche Grenze. Was gewiss nicht unbemerkt blieb.

Was die Dauer des Krieges wohl stark beeinflusste, war die Antoninische Pest, welche die Truppen aus dem Osten einschleppten. Ihren Höhepunkt erreichte sie erst 189 und klang dann in den 90er-Jahren ab, um schließlich völlig zu verschwinden.

Doch nicht nur die Markomannen und Quaden waren in Bewegung. Auch Sarmaten oder Iazygen, Nomaden aus dem Osten, fielen ins Reich ein. Auch Langobarden und Vandalen nutzen die Gunst der Stunde und griffen an.

Die ersten Angriffe des Jahres 166 konnten die Römer in Pannonien noch abwehren. Zu einer Gegenoffensive kommt es aber aufgrund der Pest und der mangelnden Truppenstärke nicht. So bleibt die Grenze ungeschützt. Der gesamte Donaulimes gerät ins Wanken, obwohl bereits 167 erste Friedensverhandlungen mit einzelnen Stämmen geführt wurden, die jedoch nicht von Dauer waren. Das ganze Jahr 168 hindurch wird die Verteidigung der Donauprovinzen neu aufgestellt, um effektiver gegen die Einfälle vorgehen zu können. Doch die Pest wütet zu stark.

Mark Aurel zieht sich nach Rom zurück, sein Mitkaiser Lucius Verus stirbt jedoch an der Pest.

Erst im Jahr 170 sind die Römer in der Lage, erstmals wieder eine Gegenoffensive zu starten, scheitern aber mit schweren Verlusten in Mähren. Die germanische Gegenoffensive dringt hingegen bis nach Aquilea in Italien vor, das erfolglos belagert wird. Gleichzeitig fallen Nomadenstämme an der unteren Donau in das Reich ein und dringen bis nach Griechenland vor.

Erst 171 können die Römer die Angreifer aus dem Reich vertreiben und zu einer weiteren Offensive schreiten. Die Nomaden konnten wohl im gleichen Jahr zurückgeschlagen werden, wohingegen es zu einem Einfall von Berbern in Spanien kommt. Auch der Krieg gegen Markomannen und Quaden gestaltet sich als schwierig, wie das Regenwunder von Carnuntum zeigen sollte. Doch schafft es keine Seite, sich endgültig durchzusetzen. Daher endet der erste Markomannenkrieg im Jahr 175 mit einem Waffenstillstand.

Der zweite Markomannenkrieg beginnt 177, als die Kämpfe an der Grenze erneut aufflammen. Ab 178 besetzen die Römer das quadische und markomannische Gebiet und errichten große Besatzungslager. Doch auch da enden die Kämpfe nicht. Erst als Kaiser Marc Aurel im Jahr 180 selbst an der Pest stirbt, endet der zweite Markomannenkrieg. Der Status von vor dem Krieg wird wiederhergestellt.

Ein vermuteter dritter Krieg im Jahr 182 endet ohne eine Veränderung der Lage.

170

Die Sarmaten oder Iazygen, ein Reitervolk aus Osteuropa, fallen in Dakien, in etwa das heutige Siebenbürgen und Griechenland ein. Dies wurde möglich durch den massiven Angriff der Germanen, der die volle Aufmerksamkeit der Römer beanspruchte.

172

Das Regenwunder von *Carnuntum*. Durch das christliche Gebet der dienenden Legionäre wird das römische Heer während einer großen Dürre vor dem Verdursten gerettet.

177 – 80

Zweiter Markomannenkrieg.

180

Der Prozess der scillitanischen Märtyrer ist die älteste erhaltene Beschreibung eines Christenprozesses.

Das fünfbändige Werk *Adversus haerese*, Gegen die Irrlehren, des Irenäus von Lyon entsteht.

185

Origenes, 185 – 254; Theologe.

197

Die Verteidigungsschrift „*Apologeticum*" des Tertullian entsteht.

195

Der Osterfeststreit führt zur Entstehung der Synoden, Versammlungen zur Klärung bestimmter Fragen. Als erste verbürgte, findet die Bischofssynode von Ephesus, Türkei, statt.

3. Jahrhundert

In dieser Zeit entsteht zuerst in Britannien und später auch an der gallischen Kanalküste der *Litus Saxonicum*, die Sachsen-küste, zum Schutz vor germanischen Piraten und Überfällen von See aus.

205

Die Römer errichten an einer Furt über die Enns ein neues Legionslager das zur Keimzelle des heutigen Ortsteiles Lorch in Enns, Oberösterreich, wird.

213

Erstmals wird der Stamm der Alemanne oder Alamannen erwähnt. Der Name bedeutet in etwa „Alle Mannen", was wohl daher rührt, dass dieser Stamm sich aus mehreren Stämmen entwickelt hat. Allerdings dürfte der größte Teil und Kern der ältere Stamm der Sueben gewesen sein, von welchem sich auch der Name Schwaben herleitet. Denn römische Quellen benennen die Alemannen häufig auch als Sueben. Und auch das Siedlungs-gebiet würde sich, in etwa, decken.

233

In Raetien und der Provinz *Germania superior*, also in etwa das Gebiet zwischen Rhein und Inn, fallen germanische Ver-bände ein. Zwar gelingt schließlich ihre Vertreibung, doch beginnt damit endgültig der Verfall der römischen Herrschaft im Dekumatland. Möglich wurden diese sich nun mehrenden

Einfälle durch die Überdehnung des Reiches. Denn im Osten war das persische Sassanidenreich zum Hauptgegner Roms aufgestiegen. Dadurch werden die Römer ab nun in einem nahezu permanentem Zwei-Fronten-Krieg verwickelt der Rom schwächt und gegen große Angriffe immer empfindlicher macht.

235

Auf dem Harzhorn, im heutigen Niedersachsen, besiegen die Römer die Germanen. Ihr Feldzug endet jedoch unerwartet durch eine Meuterei des Heeres in Mainz.

Mit der Ermordung des römischen Kaisers, Severus Alexander, in Mainz, beginnt die Krise Roms, die Ära der Soldatenkaiser. Erst mit dem Regierungsantritt von Diokletian im Jahr 284 wird wieder Ruhe ins Reich einkehren. In 49 Jahren regieren 21 Kaiser. Einer stirbt an der Pest, einer wird vom Blitz erschlagen, einer stirbt als Kriegsgefangener, zwei begehen Selbstmord, drei fallen in der Schlacht und 13 werden ermordet.

249

Zugleich fallen Goten, Quaden und Sarmaten erneut entlang des unteren Limes ins Römische Reich ein. Vor allem die Goten werden zu einer permanenten Gefahr für die Reichsgrenze. Erst nach schweren Kämpfen können sie zurückgeschlagen werden.

Helena, 249 – 329 Heilige, Mutter Kaiser Konstantins und Entdeckerin des Heiligen Kreuzes.

Mitte des 3. Jahrhunderts

Die *Traditio Apostolica* entsteht und entfaltet eine erste voll entwickelte Kirchenordnung.

Römer und Goten erneuern ihre Kampfhandlungen.

249 – 251

Der Soldatenkaiser Decius befiehlt ein Opfer aller Bürger zur Versöhnung mit den Göttern. Dies führt zur decischen Verfolgung, die erst mit seinem Tod 251 endet.

Die Gnosis

Das Wort Gnosis stammt aus dem Griechischen und bedeutet so viel wie Erkenntnis.

Gemeint ist dabei ein Glaubenssystem, welches Philosophie und Religion miteinander verbindet. Dabei greift es am stärksten auf das Christentum, das Judentum und den Dualismus zurück. Da sie sehr spekulativ war und ist sowie auf unterschiedlichste Traditionen zurückgreift und diese miteinander verbindet, entstand aus ihr eine große Fülle von Denkrichtungen. Diese gaben naturgemäß zu vielen Streitgesprächen Anlass. Mindestens 20 unterschiedliche Systeme entstanden im Laufe der Zeit.

Zu den wichtigsten gemeinsamen Punkten gehören: Die absolute Transzendenz Gottes und damit seine Unerreichbarkeit im Diesseits, die völlige Abwertung der materiellen Welt, die Erschaffung der Welt durch einen unbestimmten Schöpfergott (der aber nicht ident mit dem transzendenten Gott sei), dass jeder Mensch einen göttlichen Funken in sich trägt, der zu befreien sei und die Möglichkeit der Erlösung durch Wissen.

Daneben ist dem gnostischen Denken zu eigen, davon auszugehen, dass alles, was ist, durch eine Art Absturz des Göttlichen in die materielle Welt entstanden wäre. Daher die Ansicht des göttlichen Funkens. Es soll also das Streben des Menschen sein, zu der angestammten Lichtheimat zurückzukehren. Dies sei dem Menschen durch Wissen möglich. Da sie Überlieferungen vieler Religionen und Philosophieschulen anzapft, ist es schwer, ihr Herkommen genau zu lokalisieren. Doch stellt sie sich bewusst gegen Glauben und Tradition und predigt stattdessen die Selbsterlösung.

Gerade die Selbsterlösung ist der Kern der Sache, da sie jeden Menschen gleichsam zu seinem eigenen Erlöser macht.

Was sowohl theologisch als auch philosophisch ausgesprochen problematisch war und ist.

Wahrscheinlich haben sie ihren Ursprung darin, dass unter den Urchristen einige waren, die den Gott des Alten Testamentes mit dem Gott des Neuen Testamentes nicht gleichsetzen wollten.

Am Anfang war die Gnosis die größte geistige Herausforderung des jungen Christentums und wurde im Lauf der Zeit großteils überwunden. Dennoch taucht die Gnosis immer wieder in Häresien und Sekten auf wie bei den Manichäern, Valentinianern, Bogomilen, Katharern, Freimaurern, Rosenkreuzern, Anthroposophen bis zu regelrechten gnostischen „Kirchen" der Gegenwart.

254

Die Markomannen überrennen und plündern Raetien, die Goten dringen bis nach Makedonien vor. Thessaloniki wird erfolglos belagert.

255

Kaiser Gallienus vertreibt die Alemannen wieder aus Raetien.

257

Erstes Christenedikt Kaiser Valerians.

Der Klerus wird zu heidnischen Opfern verpflichtet. Christliche Versammlungen und selbst der Besuch der Friedhöfe werden verboten.

258

Zweites Christenedikt Kaiser Valerians.

Alle Kleriker, Beamte und Adelige, die das erste Edikt nicht befolgt haben, werden enteignet, verbannt, versklavt oder zum Tode verurteilt.

259

Die fortgesetzten Gotenkriege schwächen Rom weiter. Da sie viele Truppen aus dem Westen abziehen müssen, bleiben für die Verteidigung dieser Provinzen immer weniger Legionen übrig. Mehrfach kommt es nun zu Einfällen nach Gallien, Raetien und Noricum.

Der Stamm der Franken wird erstmals erwähnt. Der Name bedeutet „Die Freien".

260

Der Limesfall. Zwar besiegen die Römer die Juthungen bei Mainz und können diese vertreiben. Einen alemannischen Vorstoß bis nach Rom können sie allerdings nicht verhindern. Erst auf dem Rückweg werden diese bei Mailand besiegt.

Kaiser Valerian wird von den Sassaniden gefangen genommen. Sein Sohn Gallienus beendet als sein Nachfolger die Christenverfolgungen.

Arius, 260 – 336; Begründer der Häresie des Arianismus.

260 – 80

Die Cyprianische Pest im Römischen Reich.

260 – 275

Um ihre Grenze besser sichern zu können, geben die Römer die Provinz Dakien auf und ziehen sich hinter die Donau zurück.

268

Die Römer schlagen einen gotischen Angriff bei Naissus im heutigen Serbien zurück.

Die Alemannen dringen bis zum Gardasee vor, wo sie schließlich zurückgeschlagen werden.

Die Alemannen

Die Alemannen, oder Alamannen, waren ein germanischer Stamm, welcher vermutlich im 2. Jahrhundert entstand. Zugleich ist er auch der älteste der deutschen Stämme, also jener Stämme, welche später mein deutsches Volk bilden werden.

Der ältere Kern dieses Stammes dürfte durch die älteren Sueben gestellt worden sein. Was auch naheliegend sein dürfte, das Wort Schwaben stammt ursprünglich von Sueben ab. Doch auch andere Stammessplitter haben sich im Lauf der Zeit in den neuen Stamm integriert. Genau lässt sich dies allerdings nicht festmachen, da schriftliche Quellen aus dieser Zeit völlig fehlen.

Ins Licht der Geschichte tritt der neue Stamm um 250 herum, als er beginnt, das Dekumatland zu verheeren. Ihre Vorstöße ins Elsass und nach Rätien werden allerdings noch abgewehrt. Nach wiederholten Einfällen ins Römische Reich erreichen sie um 480 herum ihre größte Machtstellung. Kriegszüge führen sie bis nach Troyes in der Champagne und nach Passau in Bayern.

Doch 496 werden sie von den verbündeten Franken und Burgundern bezwungen und geraten in Abhängigkeit zu den Franken. Wohl nach einem Aufstand werden die Alemannen 506 endgültig von den Franken besiegt. Als ein fränkisches Herzogtum, Dukat genannt, wird Alemannien Teil des Frankenreiches. Nun setzen auch eine organisierte Besiedelung und Christianisierung ein.

Bis ca. 650 werden die Herzöge von den Franken ernannt. Mit der Schwäche des fränkischen Königtums im 7. Jahrhundert, konnte die Alemannia eine selbstständigere Politik betreiben. So losgelöst wie Bayern konnten sie allerdings nie handeln, da sie dafür dem fränkischen Kerngebiet zu nahe waren.

Eine kulturelle Besonderheit der Alemannen waren die Goldblattkreuze, welche als Grabbeigabe den Toten ab dem 7. Jahrhundert mitgegeben wurden. Eine Sitte, welche sie vielleicht von den Langobarden übernommen haben dürften. Und ein gutes Zeugnis für die recht rasche Christianisierung des Landes.

Im Jahr 746 machte König Pippin der Jüngere mit den Unabhängigkeitsbestrebungen des Dukats kurzen Prozess. Die Alemannen wurden erneut unterworfen. Auf dem Gerichtstag von Canstatt, dem heutigen Stadtteil Stuttgarts, Bad Cannstatt, wurde der Großteil des alemannischen Adels wegen Hochverrats hingerichtet.

In der Folge wurde der Dukat aufgelöst und in Grafschaften eingeteilt. Doch ähnlich wie später auch bei den Thüringern blieb die rechtliche und kulturelle Einheit gewahrt. Dadurch konnte das Land zur Keimzelle des späteren Herzogtums Schwaben werden.

269

Der Stamm der Goten teilt sich in Ost- und Westgoten auf. Bis heute ist nicht, klar warum dies geschah.

270

Die Römer geben die militärische Siedlung von Utrecht auf.

271

In den Schlachten von Piacenza, Fano und Pavia werden die Alemannen entscheidend besiegt. Doch es ist ein Pyrrhussieg. Das Dekumatland bleibt alemannisch, da Rom von einer Rückeroberung absieht.

274

Die Franken fallen in Gallien ein und verwüsten Bonn, ohne jedoch das Legionslager erstürmen zu können.

275

Die Franken fallen erneut in Gallien ein und werden wieder vertrieben. Ebenso dringen Alemannen und Goten in das Reich ein.

Nachdem die Römer die Provinz Dakien aufgegeben haben, siedeln sich immer mehr Goten in dem Gebiet an.

Die Römer beginnen, auf dem rechten Rheinufer Kastelle zu errichten, um die Germanen vom Übersetzen abzuhalten.

278

Ein Vandaleneinfall wird in Raetien abgewehrt.

280

Konstantin der Große, 280 – 337; römischer Kaiser.

281

In einem geschickten Überfall gelingt es germanischen Einheiten, die Rheinflotte in Brand zu stecken und zahlreiche Schiffe niederzubrennen.

287

Die Alemannen werden unterworfen und treten als Föderaten in römische Dienste, ohne das ihr Siedlungsgebiet ins Reich integriert wird.

288

Martyrium des hl. Sebastian.

Die Römer wehren einen germanischen Vorstoß in der Raetia ab.

289

In mehreren Gefechten können die Römer Einfälle der Sarmaten an der unteren Donau abwehren.

290

Erstmals werden die Gebiete der Westgoten (Terwingen) und der Ostgoten (Greutungen) als je eigenständige Reiche bezeichnet.

295

Athanasius der Große, 295 – 373; Kirchenvater und Kirchenlehrer.

Pachomius, 295 – 346; Mönchsvater, Begründer des Koinobitentums (sprich Zönobitentums). Das Mönchtum so, wie wir es heute kennen, entsteht.

297

Im Römischen Reich wird der Dominat eingeführt. Die Kaiserwürde wird zunehmend als eine erbliche Monarchie gesehen,
die Kaiser bereits zu Lebzeiten als Götter verehrt. Die Bürger
werden immer mehr zu Untertanen.

298

Die Alemannen fallen im Römischen Reich ein, werden allerdings beim heutigen Langres in Frankreich und in Windisch in
der Schweiz zurückgeschlagen.

4. Jahrhundert

Die Römer errichten ein Kastell auf dem Burgberg von Breisach, Baden-Württemberg, womit die Besiedelung des Ortes beginnt.

Arbogast der Ältere, Franke, Heermeister in römischen Diensten, gestorben 394.

3./4. Jahrhundert

Die heutige Gertraudenkapelle und die Maximuskapelle entstehen im antiken *Iuvavum*, dem heutigen Salzburg. Ursprünglich wurden sie wohl für den Mitraskult geschaffen.

303 – 304:

Kaiser Diokletian erlässt im Zuge seiner Reichsreform vier Christenedikte. Es beginnen die schwersten Christenverfolgungen in der römischen Geschichte. Sie sahen die gezielte Zerstörung der Kirchen, Verbrennung der Heiligen Schriften, Opferzwang für die Kleriker oder ihre Hinrichtung bei Verweigerung, sowie den Verlust der Rechtsfähigkeit vor. Die ersten drei Edikte richteten sich gegen Kirche und Oberschicht. Das vierte forderte ein Opfer von allen Christen. Bei Nichtbefolgung drohte Sklaverei oder Tod.
Im Westen enden sie 305, im Osten erst 313.

304

Das Martyrium des hl. Florian.

305

Das Martyrium des hl. Georg.

306

Konstantin wird vom Heer seines Vaters zum Kaiser ausgerufen. Sein Gegenspieler Maxentius wird in Rom ebenfalls zum Kaiser ausgerufen, worauf es zum Bürgerkrieg kommt.

307

Kaiser Konstantin bezwingt die Brukterer und lässt ihre Anführer in Trier grausam hinrichten.

308

In der Kaiser-Konferenz von *Carnuntum*, im heutigen Niederösterreich, wird die Kaiserwürde des Konstantin und des Licinus anerkannt. Da sich der Usurpator Maxentius, dem widersetzt, schwellt der Bürgerkrieg weiter.

311

Kaiser Galerius erlässt als Erster ein Toleranzedikt für Christen. Den Christen ist fortan die Ausübung ihrer Religion offen gestattet.

Wulfila, 311 – 83; arianischer Bischof der Westgoten und Bibelübersetzer.

312

Konstantin gelingt es, sowohl die Alemannen als auch die Franken abzuwehren.

In hoc signo vinces. – In diesem Zeichen siegst du. In der welthistorischen Schlacht an der Milvischen Brücke bei Rom besiegt Konstantin seinen Gegenspieler Maxentius. Da dieser auf der Flucht im Tiber ertrinkt, wird Konstantin unbestrittener Herr über das Westreich.

313

Mit dem Mailänder Toleranzedikt gestattet Konstantin der Große den Christen die ungehinderte Ausübung ihres Glaubens und gesteht ihnen Rechtsfähigkeit zu.

315

Der Konstantinsbogen in Rom wird fertiggestellt.

317

Martin von Tours, 317 – 397; Heiliger Bischof von Tours und Bekenner.

318

Der Priester Arius begründet den Arianismus. Vor allem unter den Goten und den Vandalen wird diese häretische Lehre Anklang finden.

Der Arianismus

Der Arianismus war eine Häresie des 4. Jahrhunderts, begründet durch den Priester Arius. Dieser war ein Priester, der als Missionar zu den Goten ging. Er hatte dabei großen Erfolg, da sich die Goten bald dem neuen Glauben anschlossen, was auch einer „Aussöhnung" mit den Römern sehr entgegenkam.

Kurzgefasst: Der Arianismus vermittelte den Heiden Christus nicht in einem monotheistischen Sinn, sondern in einem polytheistischen Sinn. In diesem war Christus nicht Gott, sondern eher die vornehmste Schöpfung Gottes. So musste es notgedrungen zu Konflikten mit den Rechtgläubigen kommen, da diese Sichtweise mit einem dreieinigen Gott nicht vereinbar war. Manche Arianer vertraten auch die Meinung, dass neben Gott noch andere Wesen zu Göttern aufsteigen konnten, so wie das mit den Kreaturen Christus und dem hl. Geist geschehen war. Was de facto einem Polytheismus gleichkommt.

Da die Dreifaltigkeit für viele Heiden schwer zu verstehen war, fand diese einfachere Darstellungsform schnell großen Zuspruch. Dies vereinfachte die Mission und Bekehrung, drohte allerdings auch, die wahre Lehre zu verwässern. Denn an diesem Punkt stellt sich die Frage, ob man noch von einem Monotheismus oder einem Polytheismus spricht.

Unter Konstantin II. wird der Arianismus schließlich sogar zur offiziellen Lehre des Römischen Reiches. Nach jahrzehntelangem Hin und Her wird erst im Jahr 381 das Konzil von Konstantinopel den Arianismus endgültig verwerfen. Unter den Germanen, vor allem den Goten und Vandalen, aber auch anderen, wird er allerdings weiterhin großen Anklang finden.

321

Kaiser Konstantin der Große führt den Sonntag als reichsweiten Ruhetag ein.

324

Konstantin der Große wird, nach seinem Sieg über Licinus in den Schlachten von Adrianapol und Chrysopolis, zum Alleinherrscher des Römischen Reiches.

325

Kaiser Konstantin beruft das erste Konzil von Nicäa ein. Die wichtigsten Punkte waren:

Das nizänische Glaubenssymbol als erste, verbindliche, Glaubensformel, die Rangordnung der Hauptkirchen, und die Verwerfung des Arianismus für alle zukünftigen Gläubigen.

Der Priester Arius muss ins Exil gehen.

326

Im Traum erhält die heilige Helena den Auftrag die heiligen Stätten zu finden und auszuschmücken. Sie begibt sich, 76-jährig, auf eine Pilgerreise ins Heilige Land. Dort findet sie das heilige Kreuz.

330

Konstantinopel wird offiziell neue Hauptresidenz.

Basilius der Große, 330 – 379; Kirchenlehrer und Mönchsvater.

332

Die Donaugoten werden zu Föderaten des Römischen Reiches gemacht und siedeln fortan nördlich der Donau im heutigen Rumänien.

334

Arius wird aus der Verbannung entlassen.

339

Ambrosius von Mailand, 339 – 397; Kirchenvater und Kirchenlehrer, Bischof von Mailand.

347

Theodosius der Große, 347 – 395; Kaiser von Ostrom, 394 – 395 letzter Alleinherrscher des Römischen Reiches.

350 – 370

Der arianische Bischof Wulfila übersetzt die Bibel ins Gotische. Hierfür entwickelte er ein eigenes gotisches Alphabet auf der Grundlage der Runen. Sie ist das älteste germanische Schriftdenkmal.

354

Aurelius Augustinus, 354 – 430; Kirchenvater, Theologe und Bischof von Hippo Regius.

356

Der Stamm der Sachsen wird erstmals genannt. Der Name leitet sich von einer ihrer Hauptwaffen, dem Sax, her.

357

Die alemannischen Juthungen fallen in der Raetia ein. Durch die ständigen Angriffe alarmiert, beginnen die Römer sich in befestigte Siedlungen, Lager und Kastelle zurückzuziehen.

In der Schlacht von Argentoratum, dem heutigen Straßburg im Elsas, können die Römer einen germanischen Angriff abwehren.

Ein Einfall der Franken kann an der Maas abgewehrt werden.

358

Franken werden in der Provinz *Belgica* als Föderaten angesiedelt. Im Austausch für Siedlungsland übernehmen sie den Grenzschutz.

Von Toxandiren bis zu Chlodwig I. – Die Franken

Franken bedeutet so viel wie „Freie". Ursprünglich kam der Großteil der Franken aus dem Friesland, also in etwa den heutigen
Niederlanden und Niedersachsen bis zur Weser. Doch nicht nur
aus dieser Gegend. Als Franke wurde jeder aufgenommen, der
sich den Sitten und Gebräuchen des Stammes unterwarf.

Gekommen waren die Franken als Flüchtlinge. Als Flüchtlinge
vor den Sachsen! Denn in einem langen und zähen Ringen ver-
drängten die Sachsen die Franken Stück für Stück aus ihren alten
Siedlungsgebieten, bis sie an der römischen Grenze angelangten.
   Dieser Punkt ist wichtig und von großer Bedeutung, wenn
man verstehen will, was Jahrhunderte später Karl der Große
mit den Sachsen anstellen würde.

Ins Römische Reich fanden die Franken Einlass als Föderaten,
waren also Verbündete der Römer. Dafür, dass sie den Grenzschutz übernahmen, bekamen sie in Toxandrien, ein Gebiet in
den heutigen südlichen Niederlanden und and der flämischen
Küste Siedlungsland.
   Innerhalb dieser Grenzen konnten sie ein recht unabhängi-
ges Leben führen, nach eigenem Recht und Herkommen. So in
einem großen Staatswesen eingebunden, konnte sich der junge
Stamm schnell festigen und sich eine starke Basis verschaffen,
welche ihm später sehr zugutekam. Auch wird man annehmen
können, dass die großen Erfolge der Franken in späterer Zeit
dem Wissensaustausch mit den Römern geschuldet sein dürfte.
Verwaltung, Handel und Kriegsführung dürften die Franken
gewiss mit der Zeit übernommen haben, wo es ihnen als sinn-
voll erschien.

Um etwa 450 trennte sich der Stamm in einen salischen und
einen ripuarischen Teil. Zwar blieben beide Teile eng verbunden,

doch breiteten sich die Salier ab da an Richtung Westen und Süden aus, während sich die Ripuarier rhein- und mainaufwärts ausbreiteten. Als im Jahr 476 das Weströmische Reich erlosch, waren auch die Franken wieder frei.

359

Flavius Stillicho, 359 – 408; Vandale, römischer Heermeister des Westheeres.

360

Der Arianismus wird zur offiziellen Lehre des Römischen Reiches erhoben.

365

Um dieses Jahr herum sterben die hll. Ammun und den hl. Antonius den Große. Sie gelten als zwei der wichtigsten Begründer des Anachoretentums im Nahen Osten. Anachoreten sind im Grunde Einsiedler, die, um Gott zu finden, in die Einsamkeit gingen.

366

Ein erneuter alemannischer Einfall wird bei Scarpina und auf den katalaunischen Feldern abgewehrt.

367 – 369

Kaiser Valens führt Krieg gegen die Goten.

370

Alarich, 370 – 410, König der Westgoten.

371

Die Römer führen Krieg gegen die Alemannen.

374

Die Hunnen überqueren die Wolga. Im Nordkaukasus besiegen sie die Alanen und machen sie zu „Bundesgenossen".

375

Die Hunnen besiegen die Ostgoten und zerstören ihr Reich.

376

Die verbleibenden Ostgoten suchen und finden Schutz im Römischen Reich. Die germanische Völkerwanderung beginnt.

Aufgrund der chaotischen Lage bricht allerdings die Versorgung zusammen, was in einen Aufstand gegen Rom mündet.

378

Die welthistorische Schlacht von Adrianapol, dem heutigen Edirne in der Türkei. Kaiser Valens verliert Schlacht und Leben gegen die Goten. Der Balkan versinkt im Chaos.

Von der Völkerwanderung

Die Völkerwanderung begann im Jahr 375 als die Hunnen das Reich der Ostgoten zerstören. Von da an gab es bis ins 7. Jahrhundert hinein kein Halten mehr. Alles war in Bewegung.

Dazu ist es allerdings wichtig, zwei Aspekte genau anzusehen. Der eine ist, dass man die Völkerwanderung in zwei Abschnitte teilen muss. Es gibt nämlich eine germanische und eine slawische Völkerwanderung. Die erste ist die Grundlage für die zweite, und die zweite ist der Grund, warum die Ergebnisse der ersten so blieben, wie sie waren.

Der zweite ist die Auswirkung, welche dieses Ereignis hatte. Denn, nicht nur beendet sie schließlich die Antike. Sie führt auch in eine neue Zeit hinein. Als solche ist sie Ende und Anfang zugleich.

Zum ersten Punkt.

Hierzu muss man sich die Wirkung des Hunneneinfalls verdeutlichen. Als berittene Truppe konnten sie stehende Heere aus Fußsoldaten gut flankieren und ausmanövrieren. Dies wurde durch die neuen Reflexbögen möglich, welche den Hunnen einen enormen Vorteil verschafften. Denn diese in Europa unbekannten Bögen hatten eine höhere Durchschlagskraft bei größerer Reichweite und Geschwindigkeit. Dazu kam, dass antike Armeen in jener Zeit primär zu Fuß kämpften. Im Kampf gegen berittene Gegner waren sie wenig erprobt.

Städte waren gegen berittene Gegner schwer im Nachteil. Bis Verstärkung eintraf, waren sie auf sich allein gestellt. Und diese Verstärkung brauchte als Fußtruppe lange, um anzukommen. Auch waren schnelle Überfälle durch berittene Truppen leicht umsetzbar.

Alles in allem kann man konstatieren, dass die Hunnen einen Schock für die Antike darstellten.

Nun ist es ja nichts Neues gewesen, dass eine Macht auftaucht, die militärisch überlegen ist und andere Länder erobert. Das ist eine weitere Besonderheit der Völkerwanderung, die diese Eroberungszüge erst zu einer Völkerwanderung hat werden lassen. Nämlich die Eigenart von Nomaden keinen Respekt und kein Verständnis für sesshafte Völker zu haben. Die Mongolen werden dereinst diese Verachtung auf die Spitze treiben. Diese Besonderheit führte dazu, dass die besiegten Völker mit den Hunnen gen Westen ziehen mussten, um ihnen als Vasallen zu dienen. Als die Hunnen sich etabliert hatten, eroberten sie nicht mehr weiter, sondern plünderten einfach alles, was sie fanden. Hatten Germanen und Sarmaten einstmals Rom heimgesucht, um Wohnraum zu erschließen und sich auszudehnen, so interessierten sich die Hunnen dafür herzlich wenig. Und um diesen permanenten Raubzügen oder der quasi Versklavung zu entgehen, begannen die Germanen nach Westen zu drängen, weg von den Hunnen. Gerade die Vandalen und Alanen, beides Völker, die sehr früh von den Hunnen bedroht bzw. unterjocht wurden, zogen bis nach Nordafrika, um in Sicherheit zu sein.

Als die Hunnen schließlich überwunden wurden, lag Rom in Trümmern und der Großteil des ehemals germanischen Ostens war menschenleer. In dieser Zeit, der zweiten Hälfte des 5. Jahrhunderts bis Mitte des 6. Jahrhunderts, entstehen und breiten sich die Slawen im Osten aus. Diese entstanden auf dem Gebiet der Pripjet-Sümpfe im heute weißrussisch-ukrainischen Grenzgebiet. Ein Gebiet, welches heute noch rund 90.000 km² groß ist und damals wohl doppelt so groß war. Zum Vergleich: Österreich besitzt eine Grundfläche von 83.000 km². Von dort breiten sich die Slawen rund 100 Jahre ungestört nach Westen, Süden und Osten aus. Der genaue Ursprung der Slawen muss aber im Dunkeln bleiben, da bis heute nicht klar ist, aus welchen Bevölkerungsteilen sie erwachsen sind. Denn die slawischen Sprachen sind indogermanisch, das heißt, sie können kaum von außen eingewandert sein, wie etwa die Ungarn oder Finnen, sondern müssten schon da gewesen sein. Denkbar ist, dass unbekannte Völker zusammen mit geflohenen Germanen, Alanen, usw. zu einem neuen Volk verschmolzen sind.

Als Mitte des 6. Jahrhunderts die Awaren auf der Bildfläche erscheinen, unterwerfen diese die Slawen und nehmen sie mit sich Richtung Westen.

Dies ist die slawische Völkerwanderung. Auf diese Weise kamen die neuen Bewohner „rasch" in viele Gebiete, die sie sonst niemals so schnell erreicht hätten. Andererseits drücken die Awaren freie Slawen, wie zuvor die Hunnen die Germanen, nach Westen. So entstand die Abspaltung der Südslawen von den restlichen Slawen, die dann von den Ungarn später „einzementiert" wurde.

Auf diese Weise breiten sich die Slawen kontinuierlich in Richtung Westen, Süden und Osten aus. Mit der zweiten Hochzeit des Awarenreiches, ca. 600 – 660, endet auch die slawische Völkerwanderung und damit die Völkerwanderungszeit allgemein. Die Antike ist endgültig vorbei. Ein neues Zeitalter hat begonnen, das Mittelalter.

378

Germanen fallen erneut im Elsass ein, werden allerdings erneut bei Straßburg zurückgeworfen.

379

Nach langem Hin und Her wird der Arianismus als maßgebliche Lehre verworfen.

380

Kaiser Theodosius erlässt den Codex Theodosius. Dem katholische Glauben auf Grundlage der nizänischen Trinitätslehre wird der Vorzug vor allen anderen Religionen gegeben.

381

Das erste Konzil von Konstantinopel tritt zusammen. Auf ihm wird das nizäno-konstantinopolitanische Symbol verfasst und beschlossen. Als bis heute verbindliche Glaubensformel aller Christen wird es offiziell verkündet. Der Arianismus wird endgültig verworfen.

384

Honorius, 384 – 423; Kaiser des Westens.

385

Erstmals wird der Ehrentitel Papst für den Bischof von Rom verwendet.

386

Der hl. Hieronymus beginnt mit der Übersetzung der Bibel ins Lateinische. Die Vulgata entsteht. Sie wird zur Grundlage des Kirchenlateins.

388

Der Franke Arbogast wird zum *magister millitum* ernannt. Da er im Feld sehr erfolgreich ist, beginnt er bald damit, das Westreich hauptsächlich alleine zu leiten, wohl unter Duldung von Kaiser Theodosius.
Kaiser Valentinian II. wird langsam zur Marionette.

389

Geiserich, 389 – 477; König der Vandalen, Begründer des Vandalenreiches in Nordafrika.

390

Der hl. Augustinus beginnt mit der Abfassung der Confessiones, Bekenntnisse.

Episcopus Episcoporum – Das Papsttum

Das Papsttum zu beschreiben ist eine heikle Angelegenheit. Nicht nur, weil es mit vielen Emotionen verbunden ist, besonders in meinem Volk, sondern auch, weil es in 1700 Jahren sein Angesicht oftmals geändert hat.

Zu Beginn war der Bischof von Rom als *vicarius Petri*, als Stellvertreter des hl. Petrus, so etwas wie ein *primus inter pares*, ein Erster unter Gleichen. Als solcher genoss er einen Ehrenvorzug, allerdings nicht mehr. So beschloss z. B. das erste Konzil von Nicäa, dass die drei Metropoliten Alexandria, Antiochia und Rom in ihrer Autorität nicht geschmälert werden dürften. Bezeichnenderweise steht Rom erst an dritter Stelle. Das hat seinen Grund darin, dass auch Alexandria und Antiochia auf die Gründung durch Apostel zurückgehen. Wichtig ist dabei die Feststellung, dass Rom bis zur Konstantinischen Wende eine heidnische Stadt war und, wohl auch zu Recht, des Öfteren mit der Hure Babylon aus der Apokalypse des Johannes verglichen wurde. Die Christenverfolgungen fachten auch nicht gerade die Liebe zu Rom an, wenn ich das mal so lapidar ausdrücken darf.

Es gab also zunächst gewisse Vorbehalte gegenüber Rom.
Nichtsdestotrotz erfreuten sich die Bischöfe von Rom von Beginn an einer großen Verehrung als *mater et magistra*, als Mutter und Lehrerin der Kirche. Die Wurzel hierfür lag in der Verehrung der Apostel Peter und Paul. Vor allem der hl. Petrus ist hier wichtig. Mit der von Christus verliehenen Schlüsselgewalt an Petrus (MAT 16, 18 – 19) sind seine Nachfolger im Zuge der Sukzession gleichsam seine Stellvertreter auf Erden. Damit kam ihnen von Beginn an eine absolute Sonderstellung zu.

In den zahlreichen und oft heftigen Disputen über theologische und dogmatische Fragen gelangten die Bischöfe von Rom immer mehr in die Rolle eines Schiedsrichters, einer Art letzter Instanz. Dies umso mehr, als sich die östlichen Kirchen untereinander oft spinnefeind waren. Die Gnosis, welche Philosophie und Theologie zu vermischen versuchte (Parallelen zu heute?) verkomplizierte die Umstände noch weiter.

Der „Durchbruch" wurde allerdings mit den ökumenischen Konzilien vollzogen. Denn diese sorgten immer wieder für viel Unruhe, was dazu führte, dass der Bischof noch öfter angerufen wurde und seine Bedeutung immer weiter zu nehmen.

Zu einem Problem wurde dies erst, als das Römische Reich begann zu zerbrechen und besonders, als das Weströmische Reich unterging. Im Westen gab es nun keine staatliche Gewalt mehr, Europa versank im Chaos. Offiziell wäre ja Ostrom zuständig gewesen, doch war dies meistens mit seinem eigenen Überleben beschäftigt. An wen sich also wenden, wenn man Probleme hatte?

An den, welcher die meiste Zustimmung hat, und dies war der Bischof von Rom.

392

Kaiser Valentinian II. stirbt. Ob es Mord war, oder Selbstmord ist heute nicht mehr zu entscheiden, da für beide Ansichten sehr gute Gründe genannt werden können. Als sich Theodosius weigert, einen Nachfolger zu ernennen, veranlasst Arbogast die Ernennung des Eusebius zum Kaiser. Theodosius lehnt das ab, es kommt zum Bürgerkrieg.

Der Heermeister Stillicho wehrt einen ersten großen Angriff der Hunnen und ihrer Verbündeten an der Donau ab.

394

In der Schlacht am Frigidus, einem Fluss im Südwesten Sloweniens, dessen genaue Lokalisierung heute nicht mehr möglich ist, kommt es zur Schlacht zwischen Arbogast und Theodosius. Bei der Schlacht fallen die meisten der Kerntruppen des Reiches, Eusebius wird hingerichtet und Arbogast begeht Selbstmord. Die ungemein blutige Schlacht führte zu einer dauerhaften Schwächung des Reiches und zum endgültigen Zerbrechen desselben in ein West- und ein Ostreich.

395

Kaiser Theodosius verfügt in seinem Testament die Reichsteilung. Ost- und Westreich sind fortan zwei selbstständige Staaten.

Arcadius, Kaiser des Ostens, kündigt den Föderatenvertrag mit den Goten, woraufhin sich diese erheben. Unter ihrem König Alarich dringen sie in Griechenland ein, der Gotenzug beginnt.

396

Flavius Aetius, 396 – 454; Reichsfeldherr und Bezwinger der Hunnen auf den katalaunischen Feldern.

397

Schlacht von Elis in Griechenland. Der Heermeister Stillicho besiegt die Goten und kann sie zum Verlassen Griechenlands zwingen.

400

Die Thüringer beginnen zwischen Weser, Rhein und Elbe ein eigenes Reich zu errichten.

Gleichzeitig lassen sich germanische Söldner zwischen Isar- und Lechmündung entlang des Donaulimes nieder. Diese *baiovarii*, was wohl Männer aus Böhmen bedeuten soll, werden zum Beginn der späteren Bayern. Ob es sich dabei allerdings, wie manchmal angedacht um Markomannen handelte, ist bis heute strittig.

Die Schriften des Origenes werden erstmalig verboten.

Leo der Große, 400 – 461; Papst

5. Jahrhundert

Ein einheitliches Runenalphabet aus 24 Zeichen entsteht.

401

Die Westgoten fallen über Friaul in Oberitalien ein.

402

König Alarich belagert vergeblich Mailand. Bei Pollentia werden die Goten vom Heermeister Stillicho besiegt und müssen sich zurückziehen.

403

Bei Verona wird Alarich erneut geschlagen. Durch Verhandlungen kommt es schließlich zum Abzug der Goten aus Italien in Richtung Gallien.

405

Erneuter gotischer Einfall in Italien, Florenz wird belagert. In der Schlacht von Faesulae werden sie erneut von Stillicho besiegt. Der Großteil wird in die Sklaverei geführt.

Ricimer, 405 – 472; weströmischer Heermeister.

406

Der Rhein friert zu. Die Rheingrenze kollabiert und auch die Rheinflotte geht unter. Die Vandalen, Alanen und Sueben ziehen über den Rhein und fallen in Gallien ein.

Ein fränkisches Föderatenheer wird vernichtet.
In der Toskana kann der Heermeister Stillicho die einfallenden Goten besiegen und zurückschlagen.

Toringi – Der Stamm der Thüringer

Über den Stamm der Thüringer ist von allen deutschen Stämmen am wenigsten über seine Entstehung bekannt. Dies dürfte wohl daran liegen, dass die Thüringer als einziger deutscher Stamm nie in der Nachbarschaft der Römer gelebt haben. Daher hat sich keinerlei schriftliches Zeugnis über sie erhalten. Archäologische Untersuchungen sind daher für die Frühzeit unsere wichtigste Quelle.

Es gibt einige Theorien über die Volkswerdung der Thüringer. Die beiden bekannteren seien hier angeführt. Die ältere Theorie ging davon aus, dass sich die Thüringer aus dem älteren Stamm der Hermunduren entwickelt haben. Die neuere, dass sie sich aus dem gotischen Teilstamm der Terwingen herauskristallisiert haben. Welche zutrifft und ob überhaupt, ist nur schwer zu sagen.

Für die erste Theorie spricht, dass auf dem Gebiet des heutigen Thüringens ursprünglich der ältere Stamm der Hermunduren gelebt hat. Allerdings gibt es von diesem nach dem Ende der Markomannenkriege 182 keine Nachrichten mehr. Die ersten schriftlichen Erwähnungen der Thüringer datieren aus dem Jahr 400 n. Chr. Von den Grabungsfunden her betrachtet, dürfte Thüringen noch in seiner Königszeit um 500 herum, spärlich besiedelt gewesen sein. Was nicht für eine lange Besiedlungsgeschichte spricht.

Die zweite Theorie ist da etwas schlüssiger. Insofern nämlich, dass Thüringer, Langobarden und Ostgoten in einem engen Bündnissystem lebten. Durch Abstammung den Goten verbunden, könnte dies manches erklären. Im Zuge der Völkerwanderung ist es denkbar, dass Teile der Terwingen ein bestehendes Vakuum ausnutzten und nach dem heutigen Thüringen zogen. Auf dem Weg könnten sie noch andere Gruppen aufgelesen und vor Ort mit Resten älterer Siedler einen Neuanfang probiert haben. Dennoch bleiben Fragen offen.

Fest scheint nur zu stehen, dass sich die Ethnogenese überwiegend durch neuen Zuzug, als durch schon vorhandene Germanen vollzog.

Wirklich gesicherte Informationen haben wir über die Thüringer erst mit Beginn der Königszeit um 500, mit der Nennung ihres ersten Königs namens Bessinus oder Bissinus. Hier kann man eine Parallele ziehen zu den Bayern. Auch von diesen besitzen wir erst gesicherte Kenntnisse nach ihrer Volkswerdung.

In der Königszeit herrschen die Thüringer in etwa über ein Gebiet, das durch die Flüsse Elbe, Saale, Donau und Weser begrenzt wurde. Wie schon oben erwähnt, war das Gebiet allerdings nur spärlich besiedelt, was der Stabilität des Reiches stark zuwiderlief.

Die Selbstständigkeit endete dann auch früh. Bereits 531 – 533 unterlagen die Thüringer einem fränkisch-sächsischen Angriff. Das Reich wurde zerschlagen, der Norden ging an Sachsen, der Westen an die Franken. Der Rest wurde wohl als tributpflichtiges Land in das Frankenreich integriert.

Allerdings kam es durch diese Zerschlagung zu einem Konzentrationsprozess der Bevölkerung. Zwar gingen 2/3 des Landes verloren, doch die Übriggebliebenen sammelten sich im verbliebenen Land und stärkten damit die Einheit von Land und Stamm.

Zwar blieb das Land nun Grenzgebiet gegen die Slawen und die Sachsen, wurde aber in seinem Umfang nicht mehr angerührt. Dies war in rechtlichem und kulturellem Sinn sehr förderlich für das Land. Diese Einheit fand auch später deutlichen Ausdruck in der Abfassung des thüringischen Stammesrechtes, das unter Karl dem Großen 804 aufgezeichnet wurde.

407

Kaiser Constantinus schließt mit den Burgundern einen Föderatenvertrag ab.

Die Vandalen erreichen Spanien.

408

Alarich fällt zum zweiten Mal in Italien ein und belagert Rom. Nach Zahlung eines Lösegeldes zieht er wieder ab.

Der römische Heermeister Stillicho wird auf Betreiben des Kaisers Honorius gestürzt und hingerichtet.

410

Die Westgoten belagern und plündern Rom. Alarich stirbt vor dem geplanten Übergang nach Afrika in Cosenza. Die Westgoten ziehen daraufhin erneut Richtung Gallien ab.

Die Sueben, die sich bereits seit 409 in Spanien befinden errichten ein eigenes Herrschaftsgebiet im Nordwesten des Landes, das spätere Galizien. Dadurch wurden sie auch zu den Begründern der galizischen Sprache und des galizischen Volkes.

Severin von Norikum, 410 – 82; Glaubensbote und Mönch.

412

Wohl aufgeschreckt durch die Plünderung Roms wird Konstantinopel mit der Theodosianischen Landmauer geschützt.

413

Die Burgunder beginnen sich als Föderaten am Mittelrhein niederzulassen. Im Zuge dessen begründen sie ihr erstes Reich um die Stadt Worms.

Die Westgoten erobern Narbonne in Südfrankreich und beginnen mit ihrer Landnahme in Gallien.

Im Auftrag Kaiser Honorius' fallen die Westgoten in Spanien ein, um die Alanen und Vandalen zu bekämpfen.

Erschüttert durch die Plünderung Roms verfasst der hl. Augustinus *De civitate Dei* bzw. Über den Gottesstaat.

418

Die Westgoten werden Föderaten und lassen sich in Gallien in Aquitanien nieder. Mit der Zeit wird Toulouse ihre Hauptstadt, das Tolosanische Königreich entsteht.

429

Die Vandalen unter Geiserich überqueren die Säulen des Herkules und beginnen mit der Eroberung Nordafrikas.

431

Das Konzil von Ephesus tagt. Da der schwelende christologische Streit nicht beigelegt werden kann, kommt es zur ersten Kirchenspaltung (Christologie ist die Lehre von der Person, Natur und Bedeutung von Christus). Die apostolische Kirche des Ostens entsteht.

433

Die Unionsformel legt den christologischen Streit bei, ohne ihn jedoch zu lösen.

Odoaker, 433 – 493; römischer Heermeister und König von Italien.

434

Attila, 434 – 453; König der Hunnen

435

Nach wiederholten Angriffen fällt Trier endgültig in fränkische Hand.

436 – 443

Das 1. Reich der Burgunder wird von den Hunnen zerstört. Die Reste fliehen nach Gallien und begründen das zweite Burgunderreich an der Rhone. Diese Ereignisse werden zur Geburtsstunde des Nibelungenliedes werden.

439

Die Vandalen erobern Karthago, Ruinenstadt im heutigen Tunesien, und begründen ein eigenes Reich in Nordafrika.

440

Eurich, 440 – 484; König der Westgoten.

449

Auf der „Räubersynode" von Ephesus bricht der christologische Streit erneut aus.

450

Die Römer geben Britannien endgültig auf, nachdem sie es nur mehr schlecht als recht verteidigt haben.

Die Landnahme der Angeln, Jüten und Sachsen in Britannien beginnt.

Auf der Flucht vor den Germanen fliehen viele Britannier über den Ärmelkanal und siedeln sich in Aremorica an. Die Bretagne und die Bretonen entstehen.

In der Folge kommt es immer wieder zu Erhebungen und Widerstandsbewegungen gegen die germanische Landnahme, was zur Keimzelle der Artussage werden wird.

Ardarich, Mitte 5. Jahrhundert; Gründer des Gepidenreiches und Bezwinger der Hunnen.

451

Die Schlacht auf den katalaunischen Feldern. Ein römisch-germanisches Heer unter dem Feldherrn Aetius besiegt erstmals die Hunnen in einer offenen Feldschlacht. Ihr Mythos der Unbesiegbarkeit erlischt.

Das Konzil von Chalzedon tagt. Die christologische „Definition von Chalzedon" führt zum zweiten dauernden Schisma. In der Folge entstehen die koptische (Ägypten), äthiopische, syrische und die armenische Kirche.

452

Attila fällt in Italien ein. Mehrere Städte werden geplündert, Mailand bleibt gegen Zahlung eines großen Lösegeldes verschont. Papst Leo der Große zieht Attila entgegen und bringt ihn davon ab, Rom anzugreifen.

453

Tod Attilas. Sein überraschender Tod stürzte das Hunnenreich in große innenpolitische Probleme.

Um diese Zeit kommt der hl. Severin nach Norikum, um dort zu wirken und zu missionieren.

Theoderich der Große, 453 – 526; König der Ost- und Westgoten.

454

In der Schlacht am Nedao, einem Fluss in Pannonien, unterliegen die Hunnen einer germanisch-sarmatischen Koalition. Das Hunnenreich zerfällt. Der Anführer des Aufstandes, der Gepide Ardarich, begründet daraufhin das Gepidenreich im pannonisch-karpatischen Raum.

455

Merowech, regierte 455 – 460; fränkischer König und Begründer der Dynastie der Merowinger.

459

Köln wird Teil des rheinfränkischen Reiches.

466

Chlodwig I., 466 – 511, König der Franken.

467

Raubzüge der Vandalen in Griechenland.

468

Der Vandalenfeldzug von Rom und Byzanz scheitert.

469

Die Schlacht an der Bolia. Durch ihren Sieg steigen die Ostgoten wieder zur führenden Macht an der mittleren Donau auf.

469 – 470

Der hl. Severin erreicht durch Verhandlungen die Freilassung zahlreicher Christen aus alemannischer Gefangenschaft.

470

Ein Feldzug Roms gegen die Westgoten scheitert.

Die Westgoten errichten zunächst in Südgallien ein eigenes Reich, das Tolosanische Reich, benannt nach der Hauptstadt Toulouse.

472 – 473

Die Westgoten erobern weite Teile Nordspaniens.

475

Der Westgotenkönig Eurich erlässt den *Codex Euricianus*. Es ist das erste geschriebene Stammesrecht eines germanischen Stammes.

476

Odoaker besiegt den römischen Heermeister Orestes in der Schlacht von Piacenza.

Der letzte weströmische Kaiser Romulus, genannt Augustulus, wird abgesetzt. Odoaker ernennt sich zum König von Italien und erkennt die Oberhoheit von Ostrom an. Das Weströmische Reich hört auf zu existieren.

Die Westgoten besiegen die Franken und begrenzen so deren Ausdehnung.

480

Hl. Benedikt von Nursia, 480 – 547/560; Mönchsvater und Begründer des Benediktinerordens.

480 – 500

König Gundobad von Burgund erlässt die *Lex Burgundionum*, das burgundische Recht.

Für die Romanen des Burgunderreiches erlässt er die *Lex Romana Burgundiorum*.

481

Chlodwig I. wird König in seinem saalfränkischen Teilkönigreich.

482

Der hl. Severin stirbt in Flavianis (Mautern). Mit seinem Tod beginnen die dunklen Jahrhunderte der Salzburger Geschichte bis zur Ankunft des hl. Rupert in der Zeit um 700.

Justinian I., 482 – 565; Kaiser von Ostrom.

483

Sigibert von Köln, 483- 500; König der Rheinfranken.
Anicius Manlius Severinus Boethius, 483 – 524; Gelehrter.

484

Patriarch und Kaiser von Konstantinopel werden beide von Rom exkommuniziert. Es kommt zur ersten Ost-West-Spaltung, die bis 518 andauerte. Grund hierfür war der Streit um den Monophysitismus, eine Lehre, wonach Christus nur eine Natur hatte, nämlich die göttliche. Demnach habe sich der Mensch Jesus in den Gott Christus verwandelt.

486

Bei Soissons besiegt Chlodwig I. den gallo-römischen Feldherrn Syagrius. Damit fallen die letzte römische Provinz und zugleich der gesamte Norden Galliens an die Franken.

488

Der Heermeister Odoaker befiehlt die Räumung Raetiens und Norikums bis zu den Alpen. Bei ihrem Abzug werden auch die Gebeine des hl. Severin mitgenommen und nach Neapel überstellt.
    In das frei werdende Land rücken germanische Siedler nach, die Landnahme und Volkswerdung der Bayern beginnt.

Von der Volkswerdung der Bayern

Der Name Bayern leitet sich von dem lateinischen Begriff *baoarii* ab, was so viel wie Männer aus Böhmen heißen soll.

Der Kern der Bayern war die sogenannte Friedenhain-Prestowitz-Gruppe. Prestowitz ist ein Ort in Böhmen. Dort fand man eine ganz charakteristische Keramik, deren Verbreitung im 5. Jahrhundert in Böhmen endet, während ihre Nutzung ab dem 4. Jahrhundert nördlich der Donau rund um Regensburg beginnt. Daher kann man davon ausgehen, dass offensichtlich Germanen aus Böhmen sich als Föderaten nördlich des Limes niederließen, um dort die Grenzwacht zu übernehmen. Ob sich auch Menschen anderer Stämme, wie Thüringer oder Alemannen, anschlossen, muss offenbleiben.

Jedenfalls ist es sehr wohl denkbar, dass die Nachbarschaft zu den Hunnen im 5. Jahrhundert die ganze Gruppe dazu bewog, Böhmen zu verlassen.

Die Landnahme der Bayern beginnt im Jahr 488, als der Heermeister Odoaker die Räumung des offenen Landes bis zu den Alpen befahl. So wurde *Castra Regina*, das heutige Regensburg, die neue Hauptstadt eines sich entwickelnden Landes und Stammes.

Diese Landnahme ging Schritt für Schritt vor sich. Von den „Urbayern" nördlich der Donau gab es gar nicht so viele, dass diese das ganze Gebiet hätten bevölkern können, auch wenn ihr Siedlungsbereich insgesamt wohl von Ingolstadt bis Deggendorf reichte. Doch nach und nach gelang ihnen genau das.

Im 6. Jahrhundert erreichten sie das Inn- und das Trauntal und damit die Alpen.

Hier stießen sie auch auf größere romanische Bevölkerungsgruppen, denn geräumt war ja nur das Land zwischen Donau und Alpen. Diese romanischen Reste beugten sich der neuen Herrschaft und gingen schließlich in den Bayern auf. In Salzburg sind beispielsweise bis ins 10. Jahrhundert hinein romanische Namen nachweisbar. Daher kann man auch sicher annehmen, dass, aufgrund der romanischen Namen, das Voralpenland zum überwiegenden Teil entvölkert gewesen war. Was auch an den Flurnamen ablesbar ist.

Mit ihrer überlegenen Kultur wurden sie eine große Bereicherung für den jungen Stamm. Gerade was Verwaltung, Baukunst, Militär und Kunstfertigkeit angeht, dürften die Bayern nachhaltig davon profitiert haben.

Intern gliederten sich die Bayern in vier Stände.

Die *Genealogiae*, der Geburtsadel, die Freien, die Freigelassenen und die Knechte. Woher speziell die Sippen des Geburtsadels stammen ist bis heute nicht geklärt. Die wahrscheinlichste Erklärung wird wohl darin liegen, dass diese fünf Sippen, die Huosi, Fagana, Hahilinga, Drozza und Anniona, die einflussreichsten Familien des entstehenden Stammes waren. Auch die Franken, wie auch die Herzöge, haben später deren Sonderstellung verbürgt, um sich deren Zustimmung zu sichern.

Dass die Bayern überhaupt entstehen konnten, ist wohl Theoderich dem Großen geschuldet. Als der Franke Chlodwig I. die Alemannen unterwarf, gebot ihm Theoderich an Lech und Bodensee Einhalt. Da die Goten zugleich mit den Thüringern verbündet waren, drohte auch aus dieser Richtung keine Gefahr.

Ohne dieses Eingreifen wäre das junge Stammesgefüge wohl gleich wieder zerbrochen.

Als dann später die Macht der Goten schwand und schließlich versiegte, konnten sich auch die Bayern nicht mehr gegen die Franken behaupten. Allein zahlenmäßig wäre dies aussichtslos gewesen. Und so wurde, wohl „friedlich", Bayern ein Teil des Frankenreiches.

Da es allerdings am äußersten Rand lag, wurde es nicht wie das Maingebiet oder die Alemannia auch fränkisch besiedelt. Dadurch konnte sich das Land relativ ungestört entwickeln und so den Grundstein legen für die Leistungen späterer Jahrhunderte.

488 – 493

Theoderich erobert Italien im Auftrag von Ostrom.

490

Narses, 490 – 574; byzantinischer Feldherr.

491 – 493

Die zweijährige Belagerung von Ravenna durch die Ostgoten.

493

Theoderich tötet Odoaker nach der Übergabe von Ravenna. Das Ostgotenreich entsteht in Italien. Theoderich regiert Italien als *Princeps Romanorum*, als Fürst der Römer und als Stellvertreter des Kaisers von Byzanz.

494

Papst Gelasius formuliert erstmals die Zwei-Gewalten-Lehre, wonach es eine weltliche Macht, *imperium*, und eine geistliche Macht, *sacerdotium*, gibt, die beide dazu berufen sind, die Menschen zu führen.

496

Franken und Burgunder besiegen die Alemannen bei Zülpich, Nordrhein-Westfalen. Dadurch geraten sie in Abhängigkeit zu den Franken und die Alemannia wird Teil des Frankenreiches.

497

Byzanz anerkennt auch offiziell die Herrschaft Theoderichs in Italien an.

498

Erster, siegreicher, fränkischer Feldzug gegen die Westgoten.

Chlodwig I. nimmt getreu seinem Gelübde den katholischen Glauben an und lässt sich taufen.

Dei gratia rex – Von Gottes Gnaden, König

Man sollte nicht meinen, dass Gottesgnadentum wäre etwas gewesen, was bestimmten Personen eine Berechtigung zum Regieren verschaffen hätte sollen. Das tat es zwar auch, es ist allerdings nicht sein Kern.

Nein, Gottesgnadentum geht in seiner Bedeutung und in seinem Anspruch weit darüber hinaus. Dabei ist weniger wichtig, ob dieser Anspruch auch allumfassend erfüllt wurde. Die Faszination liegt darin, einen ethischen und nicht einen machtpolitischen Herrschaftsanspruch zu etablieren.

Das Urbild des alten Gottesgnadentums im Mittelalter bildet das Priesterkönigtum, wie es in Salomon und David zum Vorschein kommt. Von den Tagen Konstantins an galten der Kaiser, aber mehr oder weniger auch die übrigen Könige und Fürsten als *vicarius Christi* –, als Stellvertreter Christi auf Erden. Dem gegenüber verstanden sich die Päpste bis ins 13. Jahrhundert als *vicarius Petri* –, als Stellvertreter des hl. Petrus.

Man sollte sich von dem Gedanken befreien, neuzeitliche Herrscher würden dieses Bild immer noch widerspiegeln. Das tun sie nämlich nicht. Für den neuzeitlichen Herrscher war nämlich das Herrscherideal der Antike maßgebend, und ist es wohl immer noch.

Für das Gottesgnadentum ist jedoch das biblisch-christliche Vorbild maßgebend.

Daher ja auch später der Verfall der Aristokratie in eine Monarchie oder sogar einen Absolutismus. Zwar blieb die Titulatur erhalten, ein Selbstverständnis spiegelte sie aber immer weniger wieder.

Sehr schön wird ersichtlich, was gemeint ist, wenn man die Auffassung vom Staat im Mittelalter mit der entsprechenden Auffassung aus der Neuzeit vergleicht (Die Moderne hat heute noch einmal eine andere Auffassung, welche allerdings weiter unten behandelt werden wird.).

Das Mittelalter kennt keine innere Trennung von Staat und Kirche. Politisches Handeln im Mittelalter ist immer auf die christliche Religion ausgerichtet. Der Herrscher tut, was er tut, nicht aus Machtvollkommenheit, sondern weil er von einem ethischen Standpunkt aus agiert. Da diese christliche Ethik überall das gleiche Fundament hatte und dieses auch überall bekannt war, war es für einen mittelalterlichen Herrscher eben kaum möglich, aus rein machtpolitischen Gründen zu handeln. Er hatte dazu schlicht keine Legitimation!

Die Bezeichnung Gottesgnadentum stammt von der Krönungsformel *dei gratia rex* –, von Gottes Gnaden, König. Allgemein sollte man sich das Gottesgnadentum wie ein Priesterkönigtum vorstellen. Die Verbindung geistlicher und weltlicher Herrschaft in einer Funktion.

So ist auch verständlich, warum im Mittelalter jede Herrschaft den Nimbus des Heiligen umgibt. Der Herrscher ist nicht einfach Herrscher, sondern weit mehr. Es wird leider das Hochmittelalter sein, das mit der Trennung von Kirche und Staat beginnen wird. Als Investiturstreit wird diese Bewegung in die Geschichte eingehen.

6. Jahrhundert

Die Slawen beginnen, von den Awaren getrieben, gen Westen zu ziehen.

Beginn der Christianisierung der Bajuwaren, Alemannen und Thüringer.

Der Jerusalemer Talmud wird fertiggestellt.

500

Chlodwig besiegt die Burgunder bei Dijon.

500 – 505

In dieser Zeit kommt es zur Schlacht am Mons Badonicus. Sie wird zum Ursprung der Artus-Legende.

501

Die *Lex Gundobada*, das Recht der Burgunder, wird von König Gundobad niedergeschrieben.

504

Die Ostgoten besiegen die Gepiden und erobern ihr Reich, das sie in ihre eigene Herrschaft integrieren.

505

Belisar, 505 – 565; byzantinischer Feldherr.

506

Die Franken besiegen die Alemannen erneut. Das linksrheinische Gebiet wird von den Franken annektiert. Der rechtsrheinische Rest wird als Alemannien tributpflichtiger Teil des Reiches.

König Alarich II. erlässt die *Lex Romana Visigothorum*, das Recht der Romanen im Westgotenreich.

507

Chlodwig I. besiegt die Westgoten und erobert Südgallien (Aquitanien) bis auf Septimanien (das Gebiet um Narbonne in Südfrankreich). Die Westgoten ziehen sich daraufhin nach Spanien zurück und errichten dort das toledanische Königreich, nach der neuen Hauptstadt Toledo.

Seit Theoderichs Zeiten ist die militärische Nutzung der Engelsburg gesichert.

508

Paris wird neue Hauptstadt des Frankenreiches.

509

Chlodwig erobert das rheinfränkische Reich und integriert es in sein Gesamtreich.

König Chlodwig I. erlässt die *Lex Salica*, das Recht der salischen Franken.

511

Theoderich der Große wird zum König der Westgoten erhoben, um diese vor dem Zugriff Chlodwigs zu schützen.

Im Frankenreich kommt es zum Bischofskonzil von Orleans.

Chlodwig I. stirbt und erstmals wird das Frankenreich unter seinen vier Söhnen geteilt.

516

Friesland wird von einer schweren Sturmflut verwüstet.

Mit dem Regierungsantritt von Sigismund, König der Burgunder, beginnt die Konvertierung der Burgunder zum Katholizismus.

Sigismund, 516 – 523; König der Burgunden.

520

Der Ort Dietfurt, Bayern, wird erstmals schriftlich erwähnt.

Es wird mit dem Bau des Mausoleums des Theoderich in Ravenna, Italien, begonnen.

523

Die Franken ziehen erneut gegen Burgund. Der Burgunderkönig Sigismund wird samt seiner Familie ermordet.

524

Bei Vezeronce, östlich von Lyon, wehren die Burgunder einen erneuten fränkischen Angriff ab.

Während er auf seine Hinrichtung wartet, verfasst Boethius *De consolatione philosophiae*, den Trost der Philosophie. In ihr beschreibt er einen Dialog mit der personifizierten Philosophie, in welchem das Streben nach Weisheit und der Liebe Gottes als die wahren Quellen des Glücks dargestellt werden, weit über den materiellen Tod hinaus. Es ist der letzte Höhepunkt der Philosophie für Jahrhunderte.

525

Der Mönch Dyonisius beginnt damit, die Jahre nach Christi Geburt zu zählen.

526

Alboin, 526 – 573; König der Langobarden und Begründer des Langobardenreichs.

Ende der Antike, Beginn des Mittelalters.

Literaturverzeichnis

- Barraclough, G. (Hg). Knaurs Neuer Historischer Weltatlas. (5. vollständig überarbeitete Auflage herausgegeben von Parker, G.). Droemer Knaur. München. 1995.
- Biblica. Der Bibelatlas. Reise durch die Sozial- und Kulturgeschichte der Bibel. Autorisierte deutsche Ausgabe veröffentlicht von National Geographic Deutschland. G+J/RBA GmbH & Co. KG. Hamburg. 2007.
- Borst, A. Lebensformen im Mittelalter. Lizenzausgabe. Nikol Verlagsgesellschaft mbH& Co. KG. Hamburg. 2004.
- Cornelius Publius Tacitus. Germania. Lateinisch- Deutsch. Zweisprachige Ausgabe. Originalversion mit deutscher Übersetzung. Reclams Universalbibliothek. Verlag Philliph Reclam jun. Stuttgart. 2022.
- Dannheimer, H. und Dopsch, H. (Hg). Die Bajuwaren. Von Severin bis Tassilo 488- 788. Gemeinsame Landesausstellung des Freistaates Bayern und des Landes Salzburg. (1. Auflage). Freistaat Bayern und Land Salzburg. 1988.
- Die Heilige Schrift des Alten und Neuen Testamentes. Vollständige Ausgabe nach den Grundtexten übersetzt und herausgegeben von Hamp, V., Stenzel M., Kürzinger J. (Ausgabe A). Imprimitur 1962. Pattloch Verlag. Aschaffenburg. 1964.
- Eichstätter Studien. Band 76. Blumberg, A. Petrynko, O. (Hg). Historia magistrae vitae. Festschrift für Johannes Hofmann zum 65. Geburtstag. Verlag Friedrich Pustet. Regensburg. 2016.
- Ewig, E. Die Merowinger. Mit Literaturnachträgen von Nonn, U. (6. Auflage). Urban Taschenbücher. Band 392. W. Kohlhammer GmbH. Stuttgart. 2012.
- Gaius Julius Cäsar. Der gallische Krieg. Übersetzt und erläutert von Curt Woyte. Reclam Universal Bibliothek. Stuttgart. 1951.

- Grant, R. G. Krieger, Kämpfer und Soldaten. Dorlay Kindersley Verlag GmbH. München. 2008.
- Hubensteiner, B. Bayrische Geschichte. Rosenheimer Verlagshaus GmbH & Co KG. (17. Auflage). Rosenheim. 2009.
- Kortüm F. Geschichte des Mittelalters. Band I. (1. Auflage). Verlag HOHE GmbH. 2007.
- Kroeschell, K. Deutsche Rechtsgeschichte. Band 1: Bis 1250. (13., überarbeitete Auflage). UTB Taschenbuch. Böhlau Verlag GmbH & Cie. Köln. Weimar. Wien. 2008.
- Leisering, W.Historischer Weltaltals. (102. Ausgabe). Cornelsen Verlag. Wiesbaden 2007.
- Lexikon des Mittelalters. Band I- VI. Artemis Verlag. München und Zürich. 1980- 93.
- Lexikon des Mittelalters. Band VII- IX. LexMA Verlag GmbH. München. 1995- 98.
- Perin, P., Forni, P. So lebten sie zur Zeit der Völkerwanderung. Tessloff. Nürnberg. 1985.
- St. Peter in Salzburg. Das älteste Kloster im deutschen Sprachraum. Schätze europäischer Kunst und Kultur. Amt der Salzburger Landesregierung. 1982.
- Simek R. Die Germanen. Reclam- Verlag. Stuttgart 2011.

Weblinks:

- https://www.planet-wissen.de/kultur/voelker/germanen/index.html (22.12.2024)
- https://www.planet-wissen.de/kultur/voelker/roemer_in_germanien/pwiewissensfragen136.html (22.12.2024)
- https://segu-geschichte.de/roemische-antike/?highlight=Rom (22.12.2024)
- https://www.carnuntum.at/de (22.12.2024)
- https://www.limesstrasse.de/deutsche-limes-strasse/ueber-uns/geschichte-des-limes/(22.12.2024)
- https://www.heiligenlexikon.de/(22.12.2024)
- https://www.geschichte-abitur.de/mittelalter/voelkerwanderung (27.12.2024)

Register

Dominat

Vom lateinischen *dominus* = Herr. Das Reich wird fortan von einem absoluten Alleinherrscher regiert, der Senat und alle verbliebenen Überbleibsel der Republik verlieren ihre Rechte.

Edikt

Ist eine obrigkeitliche Bekanntmachung. Vom lateinischen *edicere* = bekanntmachen.

Ethnogenese

Zu Deutsch Volkswerdung, meint den Prozess der Bildung eines Volkes, Stammes oder eines ähnlichen Gemeinwesens. Aus dem griechischen *ethnos* = Volk und *genesis* = Ursprung.

Föderaten

Vom lateinischen *foedus* = Vertrag. Foederaten waren Völker, Stämme oder Teile davon, die im Austausch für Siedlungsland den Grenzschutz der Römer übernahmen. Ursprünglich war damit jedoch ein Nachbarstaat gemeint. Dieser sollte als Puffer zwischen Rom und den östlich gelegenen Barbaren dienen.

Häresie

Aus dem griechischen *airesis* = Wahl, Auswahl. Häresie bezeichnete ursprünglich eine theologische Auffassung, in der einzelne Aspekte überbetont wurden. Mit der Zeit nahm es die heutige Bedeutung von Irrlehre an.

Heermeister

Lateinisch *magister militum*, war der Oberbefehlshaber der Armee in Vertretung des Kaisers.

Kirchenlehrer

Sind Heilige, die einen außerordentlichen Beitrag zur Lehre und dem Verständnis des Glaubens geleistet haben. Der Titel wird vom Papst oder einem Konzil verliehen.

Kirchenvater

Sind Heilige der Frühzeit. Sie haben Außerordentliches geleistet, um die christliche Lehre zu begründen, zu erklären und/oder zu verteidigen. Der Titel wird vom Papst oder einem Konzil vergeben.

Lex

Als *Lex* werden die Stammesrechte der Germanenstämme bezeichnet. Das Wort leitet sich vom lateinischen *lex* = Gesetz her.

Limes

Der *Limes* war die römische Grenzbefestigung, die sich von der Nordsee, dem Rhein aufwärts bis zur Donau und dann dieser bis zum Schwarzen Meer folgend erstreckte. *Limes* bedeutet wörtlich Grenze.

Ökumenisches Konzil

Von griechisch *oikoumene* = das bewohnte Land, und lateinisch *concillium* = Versammlung. Gemeint ist also eine Versammlung der gesamten Christenheit. Dabei ist das erste Konzil von Konstantinopel aus dem Jahr 381 besonders wichtig. Das nizäno-konstantinopolitanische Symbolon ist bis heute das alle Christen verbindende Glaubensbekenntnis. Wer an dieses nicht glaubt, kann sich nicht Christ nennen.

Philosophie

Das Wort stammt aus dem griechischen *philosophia*. Es bedeutet wörtlich „die Liebe zur Weisheit". Vom griechischen *philos* = liebend, freundlich und *sophia* = Weisheit, Wissenschaft. Sokrates, lebte von 470 – 399 v. Chr., gilt als Begründer der Philosophie. Sie ist eine der beiden Universalwissenschaften.

Rubikon

War der Grenzfluss nördlich der Stadt Rom gelegen. Diesen Fluss durfte kein Feldherr mit seinen Legionen überschreiten. Tat er es doch, so wurde dies automatisch als kriegerischer Akt gewertet.

Stamm

Als Stamm bezeichnet man einen ganz bestimmten Teil innerhalb eines Volkes. In der Regel sind diese durch gemeinsame Sprache, Heimat und Gebräuche, oft auch Kleidung offensichtlich.

Synode

Kommt aus dem Griechischen, *synodos* = Versammlung, Beratung. Eine Synode ist eine in der Regel kirchliche Versammlung, die zur Beratung ganz bestimmter Themen zusammentritt.

Theologie

Die Theologie ist die Disziplin, die das Studium und die Auslegung heiliger Schriften einer Religion bezeichnet. Wörtlich bedeutet es „das Wissen von Gott". Es stammt aus dem Griechischen, *theologia* = die Kenntnis (also Wissen) von Gott. Sie ist die zweite Universalwissenschaft.

Zeloten

Sie waren eine jüdische Widerstandsbewegung im Kampf gegen die römische Herrschaft. Sie wurde wohl um Christi Geburt geschaffen und ging im Jüdischen Krieg mit der letzten Festung Massada unter. Zelot bedeutet wörtlich Eiferer, gemeint ist der Eifer für Gott.

HERZ FÜR AUTOREN A HEART FOR AUTHORS À L'ÉCOUTE DES AUTEURS MIA KAPΔIA ΓIA ΣΥΓΓ
FÖR FÖRFATTARE UN CORAZÓN POR LOS AUTORES YAZARLARIMIZA GÖNÜL VERELIM SZ
PER AUTORI ET HJERTE FOR FORFATTERE EEN HART VOOR SCHRIJVERS TEMOS OS AUT
ZÖINKÉRT SERCE DLA AUTORÓW EIN HERZ FÜR AUTOREN A HEART FOR AUTHORS À L'ÉCOI
АÇÃO ВСЕЙ ДУШОЙ К АВТОРАМ ETT HJÄRTA FÖR FÖRFATTARE Á LA ESCUCHA DE LOS AUT(
AUTEURS MIA KAPΔIA ΓIA ΣΥΓΓΡΑΦΕΙΣ UN CUORE PER AUTORI ET HJERTE FOR FORFATTERE EEN
ARLARIMIZ ZÖINKÉRT SERCE DLA AUTORÓW EIN HERZ FÜ
OR SCHRIJ S O A ORAÇÃO ВСЕЙ ДУШОЙ К АВТОРАМ ETT HJÄRTA FÖ

Der Autor

1981 erblickte Reinhard Fürst das Licht der Welt im malerischen Salzburg. Schon von klein auf wollte er Geschichten erzählen und hatte auch einen großen Wissensdurst. So darf es nicht verwundern, dass er schließlich Geschichte studierte und sich mit den Leben unserer Vorfahren beschäftigte.

Sein beruflicher Werdegang nahm eine über-
raschende Wende, als Fürst in den Handel ging.
Doch trotzdem blieb das Interesse an der Menschheitsgeschichte bestehen. Wenn der Autor nicht
gerade mit der Nase in einem Buch steckt oder
arbeitet, verbringt er seine Zeit mit seiner Familie.
Auch in seinem Garten findet er immer wieder
neue Kraft.